U0455748

文章知己千秋愿

——程千帆沈祖棻画传

程丽则 著

南京大学出版社

目次

1 渐行渐远是故乡

1913年9月21日，程千帆出生在湘江畔的长沙清福巷。因由长沙湘雅医院美国医生胡美接生，故取乳名美美，按湖南方言，又被家人称为美伢子。

美伢子学名逢会，改名会昌，字伯昊，三十以后，别号闲堂，千帆则是曾用笔名之一，中年后遂通用此名。

千帆家境清贫，但是世代有文化传统。作为家学，自曾祖父始，几代人读诗写诗，出有诗集。千帆少时即通声律，幼稚的作品曾得到叔祖父和外祖父的积极鼓励。批语中"诗笔清丽，自由天授"、"有芊眠之思，可与学诗"这些长辈的溢美之词，都在有意无意之间促成了千帆与诗学的不解之缘。

曾祖父名霖寿，字雨苍，享年

千帆与父母的合影。照片上的千帆约一岁，懵懂在父母关爱的幸福之中

父亲程康

叔祖程颂万

程颂万的书法作品——岳麓书院二进门所悬对联

五十六岁，当过知县，官至四品顶戴，掌教湖南省多地书院。堂伯祖父名颂藩，字伯翰；叔祖父名颂万，字子大，一字鹿川，号十发居士；父亲名康，字穆庵；还有堂伯父士经，曾经留学日本。他们都精于书法，有诗文集问世。

祖父颂薰，官至同知四品顶戴，授朝议大夫，1920年逝世，享年六十五岁，未曾发现有著作记录。他的夫人李慧君著有《蕙风吟馆诗词集》，程颂万在编撰族谱里有记载，惜今不存。李夫人诰封宜人，晋封恭人，生有六子二女，千帆的父亲士秦（程康）是她的五子。

父亲程康（1889—1965），是一个充满情怀的诗人，书法造诣亦高。师从王闿运高足华阳顾印愚。程康尊师重道，善交友，讲义气。年轻的时候在外谋生兼游学，曾经在自己贫困的情况下，进京为逝世的老师办理丧事，协助扶柩归葬武昌，并设法刊印其遗集。还为客死他乡的诗友沈君集资，使其终还故里。这样的义举，在当时的友朋圈中获得交口赞许。

叔祖父程颂万（1865—1932），擅长诗词歌赋、金石书画，著述丰富，所著《十发居士全集》达七十卷。汪辟疆在《光宣诗坛点将录》中评其诗曰："出唐入宋，已非湖湘派所囿也。"同时，他积极贡献社会，先后担任过武汉大学和湖南大学两校前身的校长。即1899年由湖北自强学堂（武汉大学前身）总稽察升任为学堂提调，兼管湖北洋务局学堂所。1911年任职湖南高等学堂（1903年由湖南省城大学堂与岳麓书院合并组建，为湖南大学前身）监督。现尚有书法对联"纳于大麓，藏之名山"悬于湖南岳麓书院二门。

程颂万毕生致力于教育和实业。曾任湖北高等工艺学堂监督，兼管湖北工艺局，创办公司、造纸厂等。四十一岁时，居然还发明了宽窄两用铁木织布机，用以提高织机工效。他生性旷达，曾撰书一联"想起来如何了得，放下去有个自然"，充满了人生的智慧与哲理，千帆经常以此自勉并告诫儿孙。

程颂万的四子君谋（士章），早年曾经学戏，名角白牡丹（荀慧生）挑选配戏的老生，欣赏君谋的唱功，力劝其下海。因为兴趣也因为家道中落，君谋就此搭上白牡丹的戏班，没想到一炮打响，被称为"票友中的谭鑫培"。耳濡目染，君谋的幼子程之（会春）成为深受观众喜爱的著名电影演员和京剧票友，他扮演的反派人物尤为精彩，《沙漠追匪记》里的匪首、《红日》里的敌军参谋长、《西游记》里的金池长老等角色都令人难忘。程之的儿子程前也秉承父业，活跃在演艺圈。

千帆的外家车氏是湖南邵阳望族。外祖父姓车名赓，字伯夔，在科举考试中获三年一度的乡试副榜第七名，曾在湖北京山、湖南永顺等地任职知县，以书法知名当世。《邵阳车氏一家集》（2008年岳麓书社出版）共四十五卷，记载了邵阳车氏历代子孙的文章诗词。收有车赓的父亲车玉襄所著的《别驾集》，集中附有车赓诗作二十七首。

母亲车诗，字慕韫，意为仰慕东晋谢道韫。姨母车书，字慕昭，意为仰慕

千帆的重外孙女郭嘉会，瞻仰先辈程颂万勒石于岳麓山下的"二南"书法

千帆的从弟，著名演员程之

3

千帆的姨母三十二岁才从长沙到北京完婚，夫婿张廷寯当时任平绥铁路的工程师，此为1928年在北京生活时，一家人的合影

汉班昭。姨母毕业于著名的长沙周南女校，她精于刺绣、编织，十七岁时编织的一幅丝线桌布作为湖南省的佳作，参展南洋劝业会并获得三等奖。

南洋劝业会是一百多年前我国历史上举办的第一次大型博览会，于1910年在南京举行，建有场馆三十六处，参展物品达一百万件，历时六个月，吸引了三十万海内外观众。

当千帆三岁多的时候，二十六岁的母亲因难产去世，幼小的妹妹也在三岁时夭折。父亲忙于生计，无暇照顾幼小的孩子，千帆就寄居在外公家里，得到了外婆和姨母无微不至的照料。

外公车赓曾在军阀时期做过知县，后来赋闲在家，故而当时家里条件还是很好的。屋后有一座柴山，门前有两口鱼塘，每逢冬天，就抽水捕鱼，制成大量的腌鱼。

千帆每日都在园中玩耍，跑来跑去。有一年夏天，他穿了一身新做的白绸褂裤，在风中衣衫飘飘十分得意，特地站在园中的月亮门下吹了一下午的风，结果晚上就发烧了。

千帆的外婆是一个十分贤明的女子，能够坦然地面对生活，宠辱不惊。原来家产富裕，她不曾骄横，后来穷了，她也依然活得平静、健康。面对生活境况的变化，有时还风趣地自嘲："我是五十岁穿皮裤，八十岁穿棉裤。"外婆对待生活的态度不仅影响了千帆的姨母，也影响了千帆，培养了他适应不同生活处境的良好心态。

外婆生于同治八年（1869）的夏天，健康地活到九十八岁，于1967年春天无疾而终，是家族中的长寿老人。

1923年左右因军阀混战，千帆随父辈迁居到湖北武昌，当时父亲在武昌谋生，程颂万父子一大家亦居住武昌。千帆就读于堂伯父程士经（颂万长子）办的私塾"有恒斋"，

1957年春天，千帆一家三口与老外婆在汉口的合影，当时老外婆已经八十八岁了

在那里度过了短暂的少年时光，1928年秋天到南京读书。是年，程颂万举家迁至上海定居。

作为一个宁乡人，千帆却从来不曾到过他的故乡，作为一个湖南人，他又在少年时代就离开了湖南。

千帆的老家在宁乡吐蛟湖竹山湾，叔祖十发老人程颂万在清光绪年间，写过一首题为《竹山湾庐》的诗：

老屋及春荒，东西尚几厢。仍将明代瓦，来补国初坊。

父老溪前后，儿孙竹短长。欢携觅杯具，多恐负江乡。

从此，这首诗便造就了千帆遥远思乡梦中的一座"意园神楼"。

在三十年代初，一次暑假中，千帆随父亲回到长沙为生母扫墓，母亲葬在长沙善化南门外新开铺中凸山。那是他离开故乡后的第一次返乡，喜悦中浸透了悲凉，正如他的父亲程康在诗中所言：

客久思乡今始归，归来疑梦复疑非。

十年情话亲朋老，一爵心丧庐墓违。

倒树出崖悬路卧，疾流吞涧溅花飞。

山竹雨过残虹在，吟望悲同泪湿衣。

尽管乡情恋恋难舍，但千帆父子此生却注定只能为生计继续奔波他乡了。

1937年在流亡过程中，千帆夫妇曾在长沙、益阳住过不到半年时光。无论长沙流亡文人的意气风发，还是益阳龙洲师范的山光水色，甚至房东夫妇和他们待嫁的女儿，都让千帆夫妇难以忘怀。祖棻多次对女儿描述房东母女的样貌，感叹桃花江果然是"美人窝"。千帆也有诗描写资江碧津渡雪后风光，怀念那段流离的日子：

灯深客梦寒，困眠就纸帐。绪风逐阴雪，相忘大堤上。晓沐诧一白，薆亏失故向。意行随江皋，振衣亦用壮。妖韶碧津渡，旧是天女相。一笑谢世情，渺渺空鱼浪。

1957年春天，千帆到湖南参观学习时，在韶山留影

七十多年间，千帆也曾在五十年代四次涉足长沙，皆因出差而匆匆来去，改革开放后机会很多，却只在一次赴广西讲学归来时小作停留。真可谓古人所说的"不暇唱《渭城》"。退休之后，他有此打算，想回到故乡多看看多歇歇，最终还是忙于工作"冇得闲"，而未能如愿。

卢康华先生致力收藏研究近代的碑帖、墓志铭拓片，卓有成就，蒙他慷慨，丽则得到了祖母车奶奶的墓志铭拓片照片。据卢先生考查，该拓片存世恐已无多，能够拥有弥足珍贵。国家图书馆藏有此志拓片，缩印载于

1981年5月，千帆到广西讲学返程路经长沙时，看望姨母的儿子——表弟张瑞洁一家并合影。左起：表弟媳刘植完、陶芸、表弟张瑞洁、程千帆、表侄女张超美

《北京图书馆藏中国历代石刻拓本汇编》（第九十一册）。直到2023年7月丽则才发现了家藏的拓片。墓志铭是程颂万应侄儿程康请求为其亡妻所撰所书，墓盖由贵筑姚华所篆，刻石为长沙余裕恺。

墓志简单概括并肯定了车氏作为人妻的短暂一生，释文大致如下：

我的侄儿程康的妻子车氏去世，恳求我为她写墓志铭。两三个月之前，程康的一位兄长也去世了，他家连办两次丧事，备受艰难。他办完妻子丧事，将告别亲人远走他乡，希望依赖我的墓志铭借以纾解他的悲痛之情，我怎能推辞呢！

车氏与程康结婚仅四年零三个月，她服侍公婆勤而有礼，与妯娌能和睦相处，对待下人也非常宽容。她粗识文义，尤工刺绣，凡屏风、荷包、手帕上的山水、人物、禽鱼、花竹以及图象、碑拓，无不巧于构思，形象逼真，做得又快又好。

自从程康娶她回家，车氏以自己十指刺绣所获报酬，资助程康出游，程康客

程文學車孺人墓志銘

兄子惟康不忍於其婦之亡後兄子以貫三兩月遺家多故康治

請予惟康婦之亡則又以存其身辭於親將遠行僅

兩喪予備極困阨其婦塾則無以何能已於婦如以和待婦行

惟待予文以紆其哀姑勤而有禮慶娣姒間程山川功人藏

四年三月耳其甥姑慕工暴繡凡屏障肇悅畢肖客京津敏

物以恕花竹識其義尤圖象碑拓入資挈貨壹意媧古

獲禽魚室以及所索也師康點所顧遺詩燕友沈硯

速自康當車氏有所為為十指康讚其知不疵為四月

三行未嘗走書倾素金交長德之口譽顧竟不知其諱

篤營信友名伎逃於畦町之外段車氏悚也丙辰四月

農說當求長兒之養氏已熟誘之不識字矣康子夜

自時所讀書歲承親志在丁巳月戊陷其賢有四

力成何如此三兒不能為字匹月而匹

康乃謀守約生能斗移異時竟碎產

助我車氏以民國六年歲副生胞之如達乙

一女墜樅子容遄起而圻縣血上攻女

也出我校子遷會人以順首之乾女

年二十六子逢昌永事實已女

名詩字慕南家山知之亥

壑長沙新開鋪熊以沒世終無憾於吾言

有夫而傳有子而罹閔羌

長沙余裕愷刻石

母亲车氏墓志铭

居北京、天津三年，一心喜爱传统文化，对待朋友诚恳守信，曾倾囊为老师顾印伯出版遗诗，为朋友沈砚农操办归葬故里。众人都交口赞誉，尚不知道他是在穷困的情况下做这些事的。程康严格要求自己，无所贪求，逃于世俗约束之外。假如车氏不死，程康的造诣才华所能取得的成就将是难以估量的，这是我不能不为他悲恸惋惜的原因。

丙辰（1916）四月，程康回家时，车氏已经引导三岁的儿子识字了，程康为有此贤内助而高兴，于是打算按照所制定的计划读书养志。谁料不到一年时间他的妻子就去世了。车氏在丁巳正月戊子（1917年2月15日）因为生产大出血，不久身亡。时年二十六。

车氏名诗，字慕韫，南昌人，永顺县知事车赓之女。四月乙丑（7日）葬于长沙新开铺熊家山的南面。

铭曰：有夫而传，有子而禋。羌雁闵以没世，终无憾于吾言。

卢先生同时研究了程颂万所著《鹿川文集》中的《十七郎妻车氏墓志铭》，与拓片相校勘，发现文本有多处差异，可见入集时进行过删改，行文更为简洁。鉴于程颂万在文学书法上的成就，该拓片有一定的史料价值，更为难得的是，为千帆生母留下了点滴记述。

2 家近吴门饮马桥

沈祖棻，字子苾，别号紫曼。

1909年1月29日，出生在一个已日趋衰落但尚保留着文化传统的大户家庭。因幼时算命五行缺火，特取乳名煊，家人昵称煊宝。

祖棻的祖辈原籍浙江海盐，迁居苏州已有几代。祖上数代为官，出过一位忠烈之臣，即祖棻的曾祖父沈炳垣。

沈炳垣（1819—1857），字紫卿，浙江海盐人。生于嘉庆二十四年（1819），道光二十三年（1843）举人，二十五年（1845）进士，咸丰二年（1852）大考获二等九名，授编修，任詹事府中允，咸丰四年（1854）出任广西学政，督学广西。

时值太平军起义，两广战乱纷扰。沈炳垣到任后，即与巡抚劳

老祖母紧紧握着宝贝孙女煊宝的小手

崇光共商对策，深得器重。咸丰七年（1857），沈炳垣代巡抚按试南宁，警报日至，居民惊避，炳垣条陈守御之法，并捐俸济饷，守三昼夜敌不能克而退。试毕归省途中，浔州陷，江路梗塞，间道至梧州，又遇太平军数万攻城。沈炳垣与知府陈瑞芝等率众据城固守，凡三阅月，粮尽援绝。在城文武官吏皆以炳垣无守土之责，劝其间道回省，遣兵卫之出。炳垣答以："学政应为士林表率，临危随道，人心必摇……"坚与地方官吏共同守城。城陷被俘，不从劝降，宁死不屈，惨遭解肢焚烧，仅存寸骨，归葬于海盐虎哨亭之东萧家浜口。后被清王朝追封为内阁大学士兼礼部侍郎，谥号"文节"。咸丰九年（1859）御赐碑文，广西省城桂林建立专祠以祀，家乡海盐县城建文节祠（当地俗称沈家祠堂），《清史稿》有传。炳垣公故居在海盐县城西大街叶家桥北堍西侧，是一座深宅大院，头门悬有御赐竖匾，蓝底金字"内阁大学士"，二门门楣上方有"翰林第"匾额。另有沈氏义庄位于今秀水桥南堍东侧。文节祠在1937年11月遭日机轰炸夷为平地。

沈炳垣三十八岁离世，育有三子沈守廉、沈守诚、沈守谦，四女（其中二人早卒）。从给儿子所取的名字

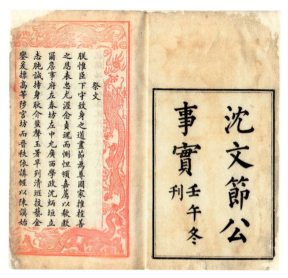

内阁学士沈炳垣墓御赐碑文（见于《海盐县志》）

沈炳垣文节公事迹的相关历史记载

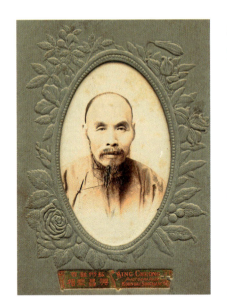

祖父沈守谦

来看，沈炳垣不仅身体力行，而且寄望儿孙坚守廉洁、忠诚、谦逊。

祖棻的祖父沈守谦（1846—1916）亦曾在清王朝为官，退休后在苏州安家，置下了大石头巷的一座宅院，祖棻就出生在这里。

祖父自号"退庵"，亦有遵循"退一步想则心安"的古训之意。他终身临王羲之帖，精于书法，与当时苏州的名士吴昌硕、朱孝臧等都常有往来。祖母则仁慈宽大，敬上睦下，温良恭俭。

祖棻的父亲沈葆源（字菊生，又作觉生，吴语中菊、觉二字同音），为人严谨刻板，一生淡泊名利。他有兄长三人，长兄葆滋（字汴生）、二兄葆潜（字京生）、三兄葆澄（字梅生），还有三个姐妹，其中两个早卒。

祖棻在家中是长孙女，且只有一个妹妹。她自小温柔可爱，聪明好学，深得祖父母欢心，父母也十分器重她。封建大家庭中，当家人的地位高高在上，吃饭都是单独开桌，唯有祖棻在儿孙辈中享有殊荣，可与父亲、祖母同桌进餐。

沈守谦临《兰亭集序》帖，扇面书法

旧宅中尚存两座精美的砖雕门楼，第一道门楼的门额隶书"含飴履中"，第二道门楼的门额行书"麠翔凤游"，充分体现出和谐、中庸、进取的儒家思想

在大家庭的众多堂兄弟表姊妹中，她又被戏称为"贾宝玉"，不仅因为她是老太太的掌上明珠，同时也因为她秉性温厚，从不恃宠自傲。祖棻对长辈极为孝顺，在她十几岁时，祖母一度病重，祖棻效仿二十四孝，在表妹梁明溪的帮助掩护下，自己用剪刀剪下手膀上的一块肉作为药引子放在药汤里煎给祖母喝，从此在臂上留下手拇指大小的疤痕。

祖母罗太夫人，虽为封建社会一介女流，却是精明能干，是非分明。丈夫去世后，她尽心维持大家庭的运转近十年。因为三儿子夫妇吸食鸦片，老太太不仅自己不愿理睬他们，而且严禁孙辈重孙辈与之接触。祖棻幼时虽然备受祖母宠爱，但并不疏于管教。有一天吃饭时候，祖棻不知何故闹气大哭，劝说无效，祖母立即使了一招粗暴却见效的手段，在桌上的调料罐里抓起一把盐粒撒进祖棻正哇哇大哭的嘴里，问题解决了。从此，儿童祖棻未在饭桌上无理或者有理取闹。丽则多次听母亲回忆此事，讲述中并无怨气，倒还有几分赞许，不过，宠爱女儿的祖棻，自己是绝不会用这种手段的。

据说老太太是北京人氏，听不懂海盐腔，更不会说苏州话，祖父虽说的是海盐家乡话，孙儿孙女却是标准的苏州人，家中还请过说苏北话的扬州奶妈，因此家人之间往往通行着南腔北调的所谓"官话"。老太太酷爱听京戏，凡有名角梅兰芳、马连良、李少春的父亲小达子等来苏州演出，她老人家是必定前往观看。

大家庭里有堂兄堂弟，比祖棻年龄小几岁的堂侄们，还有住在隔壁的表兄表妹们，大家自幼一起成长，感情甚笃。园子里春日有梅，秋天有菊，当时家道尚

旧宅后面小院中的二层小楼，当年祖棻与祖母住在楼上

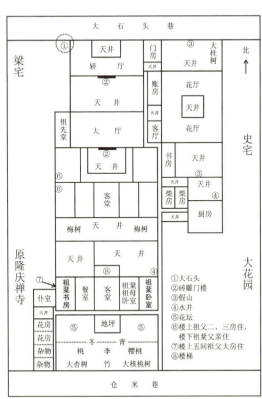

苏州大石头巷故居平面图

大 石 头 巷

梁宅

北

①
天井
门房
③ 大桂树
天井
轿厅
②
账房
花厅
天井
天井
祖先堂
大 厅
客厅
花厅
② 天井
书房
天井
⑥
③
⑥
客堂
柴房 柴房
④
天井
梅树 天井 梅树
厨房
天井 天井
⑧
⑦ 祖棻书房 ④
仆室 餐室 客堂 祖祖母棻卧室 祖棻卧室
天井
花房
⑤ 地坪 ⑤
花房
冬 青
①大石头
杂物 桃 李 樱桃
②砖雕门楼
杂物 大杏树 竹 大核桃树
③假山
④水井
仓 米 巷
⑤花坛
⑥楼上祖父二、三房住，
楼下祖棻父亲住
⑦楼上五间祖父大房住
⑧楼梯

史宅

大花园

原隆庆禅寺

祖棻苏州旧家附近的饮马桥

14

殷实，每年秋天在花厅用百来盆菊花堆成菊花山，一家人在此持螯赏菊，兄弟姊妹们亦会望月联句。祖棻曾保存过一张家庭大合影，人物约有十几二十人，背景即是客堂天井的菊花山，丽则多次看过这张照片，影中人男子着长衫，女士穿套裙，清末民初的装扮，祖棻一一指点谁谁谁，丽则积极参与点评："楷亭舅舅的妈妈比你妈妈好看！"1966年，抄家运动高潮迭起，虽然这些东西已是抄家的劫后余存，千帆夫妇还是终日提心吊胆，终于在一个深秋之夜，将存余的几张家族老照片连同印有青天白日旗的大学毕业证书统统化为灰烬。

祖棻的表妹梁明漪

堂兄沈楷亭是长房长孙，比祖棻年长十六岁，喜爱诗词文学，兄妹二人感情醇厚，祖棻深受家庭和堂兄的影响，与文学结下了一生之缘。因为年龄相近，表兄梁肖友、表妹梁明漪、堂侄沈丙宪、梁家表侄格留等都是她儿时最好的玩伴。祖母罗氏太夫人生有四子三女，次女三女早卒，因此宝贝的长女，即祖棻的姑姑，不仅没有远嫁，结婚后与夫君梁书祥还干脆将房子选购在大石头巷娘家的隔壁，为了方便走动，特在院墙上开凿了一扇小门，进进出出再无须绕道大前门。后来姑母不幸病逝，姑父续弦，梁肖友、梁明漪兄妹即为续弦所出。罗太夫人善良慈爱，认续弦夫人为干女儿，将肖友兄妹亦视为亲外孙，予以诸多庇护。祖棻与梁氏兄妹等人就这样终日结伴在私塾读书，在宅院玩耍，尤其，与小两岁的表妹梁明漪不仅是玩伴更是闺蜜。当她们是小少女时，还玩过这样的游戏，尽管可以天天见面，却以书信问候，并将信笺藏在大厅花瓶下面，按时取放，"见字如面"……

祖棻的妹妹沈祖芳，1934 年毕业于私立苏州振华女子中学

堂兄沈楷亭

祖棻的妹妹祖芳生于1916年，小名"红"，由于比祖棻年幼七岁，很难玩在一起。父亲为人刻板无趣，母亲的性格却是懦弱中隐藏着倔强，一有不合，就带着妹妹到洞庭东山的娘家长住。祖棻又随父亲在上海居住多年，所以姐妹二人小时候的感情反是不如与表兄妹来得亲密。

小少女在不经意间渐渐长大，十五岁时，祖棻随父亲前往上海，先后就读坤范中学、南洋中学。1930年中学毕业后考入中央大学上海商学院，一年后转至南京中央大学文学院。直至1952年应聘江苏师范学院教职，才重返故乡苏州。

苏州故居大石头宅院古色古香，房屋前后好几进，中间有天井，后面有花园，园中有一

1946年，祖棻自四川返回上海，与堂兄沈楷亭夫妇及其八个子女久别重逢，合影留念。
前排左起：沈楷亭之女九妹沈毓、沈楷亭夫人赵寿媛、沈楷亭、沈祖棻、沈楷亭之女七妹辛宪。
后排左起：沈楷亭之子老六甲宪、老四壬宪、老二午宪、老大丙宪、老三辰宪、老五寅宪

栋当时属于较为西化的小楼。前面的天井内有一巨大石块，乃天上坠落之陨石，据说相当于两张八仙桌大小，一半沉于地下，故此地取名大石头巷。

1928年，祖母去世，享年八十五岁。大家庭也逐渐分崩离析，终于在抗战时期，于1940年将居住了三十多年的老宅易主，归于吴氏。现为大石头巷36号。1963年，宅中精美的砖雕门楼已被列为苏州市文物保护单位，1982年保护范围扩大至整个吴宅。

祖棻曾有词怀念故居："家近吴门饮马桥，远山如黛水如膏。妆楼零落凤凰翘。"

1992年以来，祖棻的外孙女早早（张春晓）多次前往寻访旧迹。直到2011年，依然可见青砖粉墙，雕花门楣上精美的纹饰。只是经过了百余年的风风雨雨，世事沧桑物是人非。现在宅院早被前后隔断，分住多户人家。

1913年中秋，祖棻的祖父沈守谦三兄弟合影留念，留下一帧《三希星聚图》。当时，守谦（退庵）六十八岁，仲兄守诚（实甫）七十，伯兄守廉（絮斋）七十二，三人年龄相加正好二百一十，人均七十，故曰"三希"。三人作序作诗作词，守诚序曰："大兄、三弟以余回南，同照为三希图……天涯老兄弟，好联床听雨，酒醉双杯。最难古希三老，华庆寿宴开……"翌年，汇编为沈氏《三希图题咏》一册，石印出版

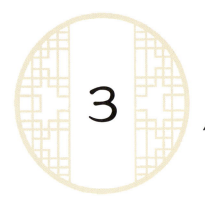

3 唇上胭脂的苏州美人

祖棻从小喜欢读书，在封建家庭中经过许多曲折和抗争，她得以在上海念中学，先后进过坤范中学和南洋女子中学。

1930年，她听从父命考入中央大学上海商学院。可是祖棻自幼受家庭耳濡目染，酷爱文学，对商业则鲜有兴趣，一年后，终于在父亲的同意下转入了南京中央大学中国文学系学习，自此如鱼得水，学有所成。

她大学时代的同班女友，后任台湾成功大学教授的尉素秋在《词林旧侣》一文中怀念昔日传授诗词的教师汪东与吴梅，以及"梅社"的各位女同学。她回忆道：

"在两位老师的诱导之下，从窄处难处入手……我们的兴趣逐渐提高，不但不以填词为苦，反倒乐

这位温柔、沉静的少女正是那位后来被同窗誉为"唇上胭脂"的苏州美人

而忘倦了。我们的填词由被动转为主动，由五位女同学发起，组织了一个词社，第一次聚会地点，选在六朝松下的'梅庵'，象征梅花五瓣。后来逐渐扩充，加入的人逐渐增多，兴趣也更加浓厚了。梅社每两周聚会一次，轮流作东道主，指定地点，决定题目，下一次作品交卷，互相研究观摩，然后抄录起来，呈吴师批改。

"我们的词卷上不签署自己的真名姓，而以词牌作各人的笔名，这笔名要以显示各人特点为原则。……点绛唇沈祖菜。她是苏州美人，明眸皓齿，服饰入时。当时在校女同学很少使用口红化妆，祖菜唇上胭脂，显示她的特色。……我们不止有词社，还有另一种关系，即同是大观园中的角色。例如元度是元春，我是探春，伯璠是宝钗，祖菜是宝琴，品玉是湘云，淑娟是岫烟等等。汪师说：不错，都有几分相似。我们告以有些老师也派了角色，他搔首说：糟！我一定是贾政之流。我们报以热烈的掌声。"

没想到的是，汪东先生不仅"闻之绝倒"，而且诗曰"悼红轩里铸新词，刻骨悲秋我最知。梦坠楼中忽惊笑，老夫曾有少年时"，原来汪先生在少年时曾被家中长辈比拟贾宝玉，不料几十年后竟成了学生眼中的贾政！

尉素秋在1950年底离开大陆，定居台湾。于1962年编辑出版个人词作《秋声集》，在后记中她再次回忆："民国二十一年秋天，我和高班次的四位女同学组织了一个词社，第一次集会于梅庵六朝松下，定名梅社。其中以王嘉懿班次最高，曾昭燏学识最渊博，龙芷芬最娴静幽雅，沈祖菜才华最富，我的班次最低。彼此切磋琢磨，视为益友。"

大学时代的沈祖菜

原中央大学的梅庵与六朝松，是当年"梅社"的成立之处。现位于南京东南大学校内

三十年代初，作为民国的最高学府中央大学，女学生人数并不多，所以朋友结交往往跨年级跨系别。1932年秋，祖棻、龙芷芬（龙沅）已经三年级，尉素秋还是二年级，曾昭燏、王嘉懿当是四年级，大家全凭志趣相投而聚，结成了梅社的第一朵五瓣梅。

南京有山川形胜，金陵乃六朝烟水，古今远韵，四季花开，这些美景遗踪都让沉浸在唐诗宋词中的女同学们不能自已，华章连篇，佳句迭出。

西江月尉素秋、霜花腴曾昭燏、点绛唇沈祖棻、虞美人章伯璠、菩萨蛮徐品玉、声声慢杭淑娟、破阵子张丕环、巫山一段云胡元度、齐天乐游介眉、钗头凤龙芷芬……美人已逝，才女不再，今日不妨备录在此，借以遥想当年的美丽，致敬优雅的前辈。

大学时代，祖棻与尉素秋、杭淑娟三人最为要好，虽然个个才华出众，但女孩之间的小心思一样在所难免，有一段时间，祖棻和杭淑娟二人为尉素秋更偏向谁而心生计较，还要求尉素秋明确表态，经尉素秋推心置腹一番劝说，三人关系比以前更为亲密。

1934年的春假，全班举行采石矶之游，尉素秋因为当时接连失去至亲兄姊，心情抑郁，不肯参加。祖棻遂专门约她泛舟玄武湖上，关切慰问，互传心愫。时近三十年过去，海峡彼岸的尉素秋依然记得："她的一个颦蹙，一次凝眸，一刻低语和一句话里的温存慰藉，都留给人以难忘的印象。事后她做了一首诗，现在我仅记得两句，'春到人间聊自惜，情钟吾辈剧堪哀'，我曾在这两句上圈上两排琐圈。"祖棻在四川时有多首诗词怀念尉素秋，"记秦淮，胜游欢宴，惊风何事吹散？狂烽苦逐车尘起，经岁间关流转"，"旧梦清游不可寻，一灯风雨十年心。当时相见愁难说，别后沈吟况至今"，甚至感慨"盖万人如海，诚鲜能共哀乐如秋与余者也"。她们一个以诗词一个以文章，词文互补，为后人留下了她们友情的印证。1949年以后，特别是"文革"中，因为政治原因，"尉素秋"三个字在祖棻的诗词中不再出现。但是心中的挂念却不曾减退，提及当年，总少不了尉素秋的名字，因此丽则也记住了这位从安徽乡下砀山县走出来的阿姨。八十年代，海峡两岸破冰迎春，尉素秋也终于重返故国，来到南京，千帆曾带着丽则前往宾馆看望，如愿以偿，得以一睹母亲屡屡描述的年少密友。

祖棻在大学时代，才貌双全颇为时髦，不仅如尉素秋在文中赞许"明眸皓齿，唇上胭脂"，而且在同学群中"当推眉样第一"，因为擅长描眉，屡屡被尉素秋相戏，祖棻为此自嘲"谁怜冷落江郎笔，不赋文章只画眉"。数年后，祖棻流亡雅安养病，曾在一阕《摸鱼子·再寄素秋》中抚今忆昔："茶烟外，锦瑟华年偷换。朱弦难谱哀怨。江郎彩笔飘零久，今日画眉都懒。"多少青春美少女的好时光，都随狼烟四起风吹雨打去。

苏州和南京，两座千年文化名城，山清水秀，人文荟萃，深厚的文化积淀赋予了祖棻秀美的外形、沉静的性格、细腻的情感和飘逸的灵气。自从抗战爆发，1937年她与千帆结伴逃离南京以后，生命之旅从此在命运中愈来愈远离了江南的故乡和亲人。

迢迢吴山越水成为她终生魂牵梦萦的主题曲，翻看涉江诗词，此情此景随处可见：

"熏笼经岁别，故箧余香歇。昨梦到横塘，一川烟草长。""忍忆吴江，对愁枫、啼彻霜影。但归程呼侣，不惜白头相等。""回首江山暗尘雾，似水乡愁流不去。""虎阜横塘数夕晨，年年归梦绕吴门。""一带朱楼护碧纱，千山烽火望中赊。从今纵有江南梦，明月梅花属别家。""人生只合住吴城，片石丛花俱有情。""人间纵有登仙乐，不及秦淮重到时。"

　　2009年秋天，祖棻的外孙女早早，徜徉在这小桥流水、吴侬软语的人间天堂，寻找外婆的足迹

苏州园林甲天下

4 南雍尊宿今何在

　　祖棻的温婉秀美和诗词创作才华得到了汪东和吴梅两位词学大师的赏识，吴梅在日记中提到师生交往，达五十七处。1932年11月9日："晚间王嘉懿率二女生至，一名沈祖棻，一名龙沅，沈极美，又是吴人，吾妇颇投契也。……"1934年6月14日："今岁毕业生中，以贞元与祖棻为女生之翘楚也。"1934年12月4日："下午金大课毕，偕祖棻归。留夜饭，饭毕联句，得五律二首……"1934年12月21日："入夜沈祖棻、游寿来，共吃冬至夜饭。乡情节意，哀乐填胸，正拟联句，而胡小石、谭万先至，洗盏更酌，更与四儿、瑞华度曲，尽欢而散。"1936年6月27日："偕四儿往吊沈祖棻母表，大石头巷往返，不过一小时。"（其时吴梅正在苏州）1937年5月13日："午沈生祖棻来，与长谈留饭。"

　　从日记中有关祖棻的诸多片言只语，可以得知当时师生关系极为融洽，祖棻常常上门求教，会被老师留饭甚至小酌，酒兴之中还有即席唱和。可叹的是，1937年暑假开始，因日寇逼近，师生各自避乱，流亡过程中吴先生在1939年春天辞世于云南大姚县，从此，祖棻痛失词曲良师矣。

　　更鲜为人知的是，祖棻的字"子苾"是1934年由黄侃（季刚）先生所赐。原始资料来自祖棻1956年11月6日所填的《干部履历表》。

　　1935年10月8日，黄侃先生骤然去世，享年五十岁。11月4日，金陵大学文学院举行追悼会，有校长、文学院长、国文系主任及师生百余人参加，国学研究班沈祖棻作为师生代表向黄先生遗像献花。

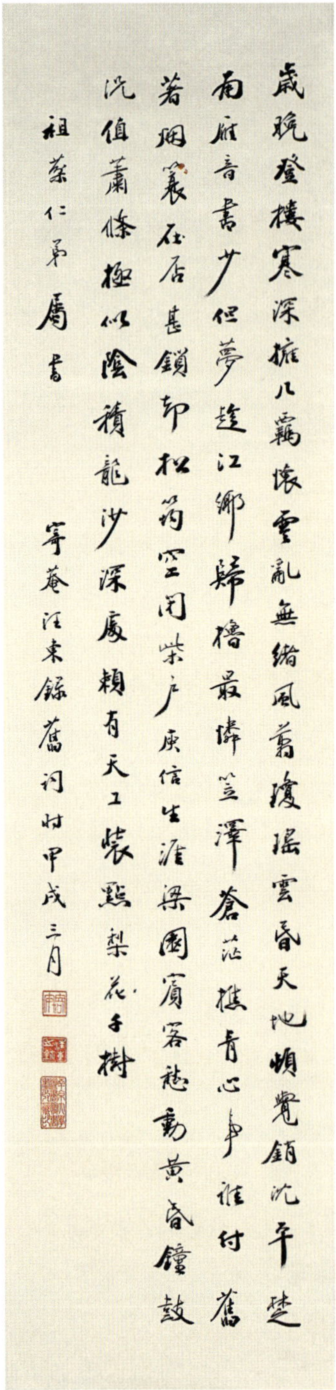

郭外峰環六〇國中徑涉三〇依然舊雨聊〇要與新詩
作龍蔡夅故宮往事北天野窖轍談一池雲錦還在卿
喜秋霜未醉　東齋次仲深韻六言　此為癸酉八月作東齋在誰張
故宮舊地去年結社消夏處也
祖棻女弟屬書近作為餞其一　甲戌三月霜厓吳梅寓扵大石橋寓廬

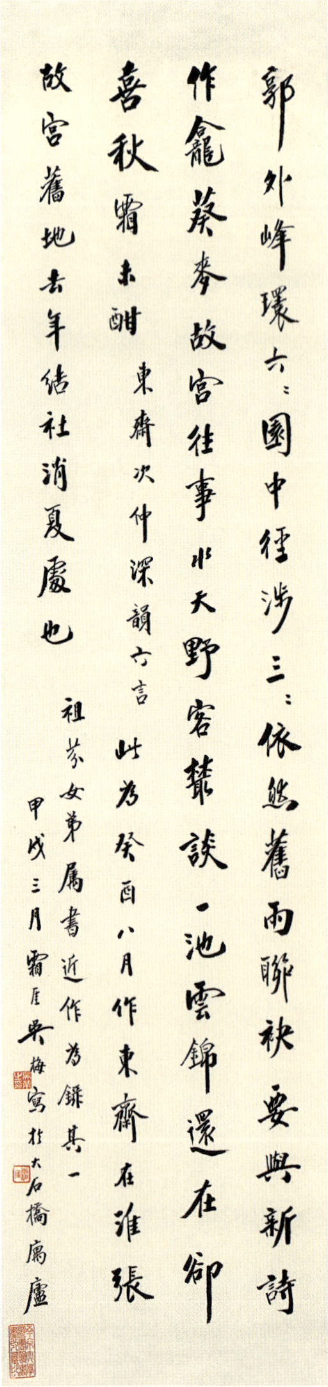

吴梅老师赠祖棻书法条幅

歲晚登樓寒深掩八霜張淚亂無緒風蕭瀟攔雲昏天地頓覺餉沈平楚
雨壓音書少但夢逐江鄉歸僑最晞笠澤蒼茫推青心事誰付舊
著烟裏在居甚鎖卻松筠空閉紫戶質信生涯深閨窗室慈動黃昏鐘鼓
沈值蕭條極似陰積龍沙深處賴有天工裝點梨花千樹
祖棻仁弟屬書　守菴汪東錄舊詞村甲戌三月

汪东老师赠祖棻书法条幅

24

2020年4月24日，丽则突然接到南大文学院周勋初先生的电话，原来他看到网上转载的《程千帆与沈祖棻的情感世界》（原载《传记文学》2020年第4期）一文，特来夸赞丽则写得好。并转告在五十年代读研时听汪辟疆先生谈起的两件轶事：一是，汪先生与祖棻的父亲认识有交往，得知祖棻热爱文学，喜好古典诗词，想从中央大学上海商学院转到文学院，十分欣赏赞同，便力劝其父同意女儿转学，于是第二年祖棻在老师支持下，经父亲同意得以转到南京中央大学中文系。二是，祖棻在大学期间，某次将诗词习作呈请汪先生指导，习作放在桌子上，恰巧黄侃先生来了，问此为何，汪先生说是学生的词作，黄先生随即一掷，曰：现在的学生连诗都写不好，还填词？汪先生说：你看了再说。黄先生拿起细看，不由大惊：这样的词我都填不出来！于是大赞。汪先生与千帆的父亲也以诗文互知，曾对祖棻与千帆的结合起过推动作用。

在大学生活中，女生们对南雍尊宿既敬重又不失童心，甚至十分调皮，不仅仅如前文，私下

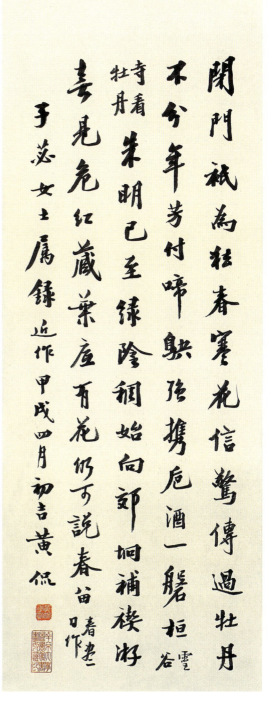

黄侃老师赠祖棻书法条幅

游寿在南京汇文女中留影。1934—1937年，游寿供职汇文女中，同时就读金大国学研究班。1934年祖棻中大毕业后，经师友介绍，在汇文女中编辑校刊两三月，当时二人共居一室。祖棻有诗回忆："小楼深巷卖花迟，二月江南万丝柳。寂寞空山春雨夜，那堪重忆对床吟。"

为汪东老师派上贾政的角色，更有甚者，祖棻还伙同游寿设计戏弄曾任教东南大学、时为清华名师的吴宓先生。吴宓学问渊博为人方正，却一生陷于儿女情长，与毛彦文的情事闹得沸沸扬扬，直到毛彦文另嫁他人，吴仍无法解脱。游寿灵光闪现，与祖棻"合谋"，二人托名中大女生写信附诗给吴宓，表达关切怜才之意，吴先生信以为真，大感欣慰，遂向汪东先生打听，汪先生却并不知情。四十年后，祖棻赠诗游寿提及此事：

> 少年好弄惯操觚，共把风情戏老儒。
> 见说尖酸到文字，独怜结习未能无。

从1945年到1949年，在成都金陵大学和珞珈山武汉大学，吴宓与千帆夫妇过从甚密，亦师亦友。1945年12月至1948年10月，吴宓日记中提到会昌（千帆）、祖棻多达114处。1945年8月7日吴宓日记："棻言，自识宓后，知昔所闻炜及北女高师一般人所言宓之性行，悉不符而诬妄。所闻济所言宓之性行，悉合而真确。"（炜，疑指胡光炜，济，指刘永济）由此可知，祖棻与吴宓深入交往后，感受到了吴单纯执着又浪漫的真性情，但当年胡闹之事有无"坦白交代"则不可知也。

吴宓虽然才高气傲，对于祖棻却是评价极佳："棻词殊佳，宓所识女中第一。""棻品性纯淑端和，宓所见诸女士中第一。不特其作词一时无两，而生育艰苦，一再误于庸医。使宓益信'古之有德慧术智者，必存乎疢疾'也。""棻明达，识大体，以昌在武大学识可进，著作可成。而蓉城浮华，侪辈多不读书。不可但贪生活之舒适，与薪津之倍兼。""昌、棻均有行道救世、保存国粹之志。"都是在日记中留下的真实感受。1949年4月，吴宓往四川任教，与千帆夫妇就此别过，再无交集。但1958—1961年的吴宓日记中还多次提及千帆，甚至梦中相见。

游寿的聪明"捣蛋"无所不在。王晓湘先生博学多通，而讷于言辞，任教中大期间，学生听课感觉辛苦无趣，正逢王先生讲授乐府通论，提及南北朝民歌《敕勒歌》，游寿又一次脑洞大开，立即仿其体例，胡诌一首："中山院，层楼高。四壁如笼，鸟雀难逃。心慌慌，意茫茫，抬头又见王晓湘。"中山院即中大文学院所在，同学闻者无不捧腹。后来，游寿长期供职哈尔滨师范大学，在考古学、文字学和书法上都卓有建树。时光流转，韶华如水，四十年后，祖棻回想前尘有无限感慨：

犹忆春风旧讲堂，穹庐雅谑意飞扬。
南雍尊宿今何在，弟子天涯鬓亦苍。

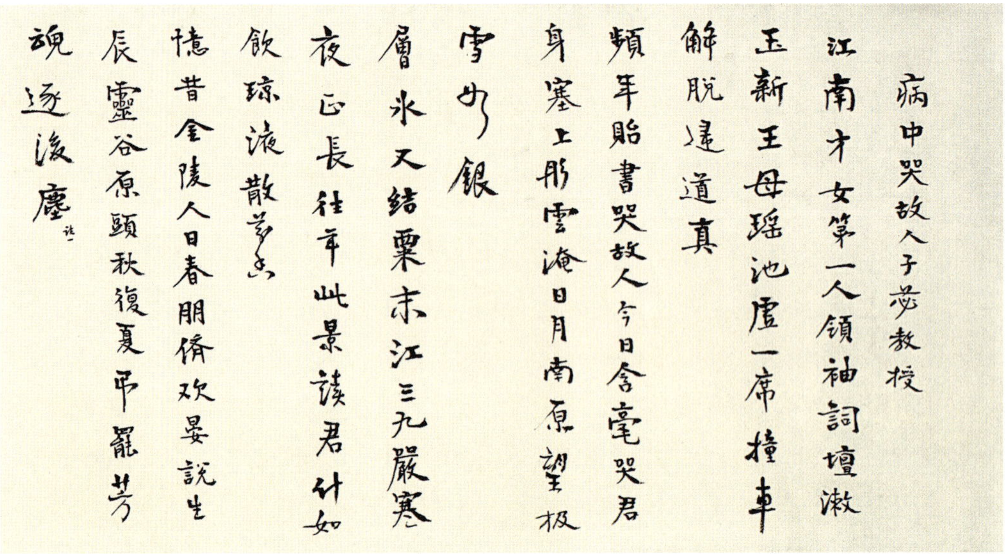

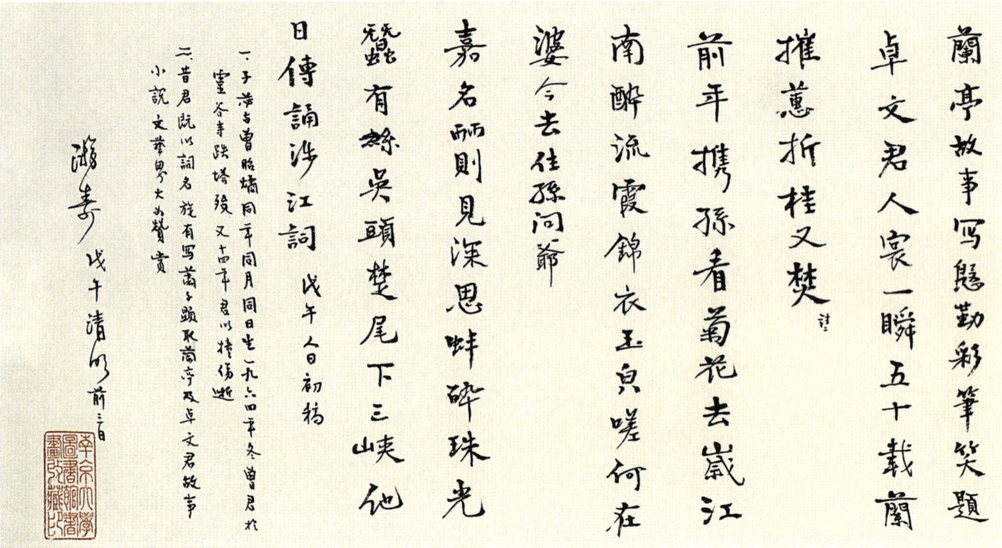

病中哭故人子苾教授

江南才女第一人領袖詞壇澈
玉新王母瑤池厲一席撞車
解脫違道真
頻年貽書哭故人今日舍毫哭君
身塞上彤雲淹日月南原望極
雪如銀
層冰天結粟末江三九嚴寒
夜正長往年此景讀君什如
飲瓊漿散夢余
憶昔金陵人日春朋儕歡晏說生
辰靈谷原頭秋復夏甲罷芳
魂逐後塵

蘭亭故事寫態勤彩筆笑題
卓文君人寰一瞬五十載蘭
摧蕙折桂又焚
前平攜孫看葡花去歲江
南醉流霞錦衣玉貞嗟何在
婆今去住孫阿爺
嘉名卿見深思蚌碎珠光
蜒有鯀吳頭楚尾下三峽他
日傳誦浙江詞　戊午人日初稿

三昔君既以詞名旋有寫萬魚頭取蕭亭及卓文君故事
小說 文藝界大為贊賞
靈谷寺跌塔段又十四年君以捍傷逝
一子潛与曹昭嫡同年同月同日生一九六四年冬曾君扎

游春　戊午清明前三日

游寿书法《病中哭故人子苾教授》

5 金陵少年测幅郎

1928年秋，由于一个偶然的机会，十五岁的千帆随一位同学和他的父亲由武汉来到举目无亲的古都南京，考入金陵大学附属中学初三年级，中学毕业后免试升入大学，1936年毕业于金陵大学中国文学系。随后又考取了金大新成立的史学研究所的研究生，但是由于抗日战争的全面爆发，失去了继续深造的机会。

金大附中作为教会学校，其教学内容和教育理念，对于长期主要接受私塾教育、熟读四书五经的千帆来说，绝对是新鲜事物。在校期间，他努力吸取各种新知识，同时发挥所长，积极活跃地投入课余社团活动。

读书期间，千帆曾任金中校刊编委秘书

1936年大学毕业后，千帆曾在金中任教一年。

由于父亲常年失业收入无定，千帆学生时代的生活同样得不到保障，最困难的时候，冬天衣衫单薄，没有袜子穿，只有去操场猛踢足球借以取暖。大学四年中，千帆先后干过图书管理、代人批改作文、写作投稿、代课等工作，以补贴生活、学习费用。多年后在一篇寄语青年学子的文章中，他说："我当年也是特困生。"

有一年寒假，同学中一位姓余的湖南老乡，家住南京杨公井，因同情千帆经济紧迫，特地住在学校，每日两次陪同千帆一起步行十余里回家吃两顿饭。多少年过去，千帆早已是白发苍苍，可是对于当年的同学情深，依然不能忘怀。

金中校刊社職員

社 長	鍾志剛
祕 書	程會昌
總編輯	魏亞奇
論著主編	鍾志剛 / 劉子腐
文藝主編	胡紹馨
雜組主編	魏亞奇
編 輯	張兆翔 / 何錫麟 / 高本樂
書 記	唐隸岳 / 易伯魯
社務部長	楊嘉勇
出 版	朱錫芬
交 際	唐玉珩
交 際	張訓禮
財 務	胡國華
庶 務	靳懷智
本刊顧問	
社務顧問	張 坊博士
編輯顧問	林憲章先生 / 陳燮助先生 / 吳劍飛先生 / 陳德良先生

1930年金中校刊社职员名单，第二行印有秘书程会昌

1936年，千帆大学毕业后曾在金陵中学代课，并兼任学校文学社顾问

金中校刊社全体职员合影，前排右三为千帆

1986 年 4 月 20 日，金陵中学校友会成立大会合影（局部）。第一排左八为程千帆，左九为中学同窗好友、金中退休教师王永芬

　　千帆在学生时代不仅爱踢足球，而且自行车车技颇为高超。常常与同学一起从车行租车出游，他不仅能脱把快骑，还能从车的右侧上下，甚至将车向前推出，然后飞身上车。他一度又迷上了网球，常常足蹬白鞋手握球拍，跳跃在网球场上，几十年后还在老同学孙望的回忆中被誉为"一只轻盈的小燕子"。当年虽然迷于网球却买不起一只球拍，千帆在后来的日子里常常会这样感叹，当球拍的价格不成问题时，早已时过境迁，青春不再。

1998年10月2日，金陵中学举行建校一百一十周年庆祝大会，耄耋老人难忘当年，在金中钟楼（办公楼）前留影

风雨历程六十载，1995年4月，千帆又一次在他当年的金大学生宿舍——庚字楼前留影

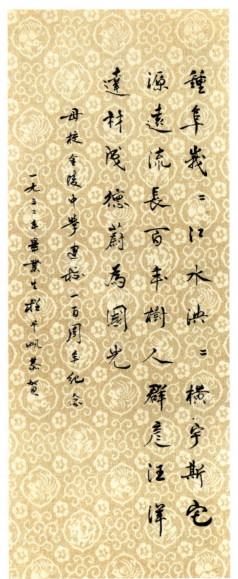

钟阜巍峨江水洪横宇斯宅源远流长百年树人群彦汪洋远绍陵德蔚为国光

母校金陵中学建校一百周年纪念

一九三三年毕业生程千帆恭贺

1988年千帆庆贺母校金陵中学建校一百周年题词

1936年大学毕业前夕，千帆留下了数张极其珍贵的校园照片。

千帆身后的北大楼当时是金陵大学文学院所在地。往事悠悠，作为历史的见证，北大楼也历经沧桑，今天它依然是南京大学的象征，屹立在莘莘学子心中

金陵大学北大楼石阶上留影

金陵大学庚字楼宿舍门前

在1936届同学们手植毕业树前留念

1936年，千帆在大学毕业期间　　1934年，祖棻的中央大学学士毕业照

金陵大学是千帆一生事业和爱情的发源地。

三十年代南京的高等学府中，大师云集，使千帆或有缘受业门下，或得以有所请益。千帆曾先后师从黄季刚、胡小石、刘国钧、吴梅、汪辟疆、商承祚等先生。诸位老师各有专长，使千帆耳濡目染，枵腹日充。学友中，千帆陆续结识了孙望、常任侠、徐复、沈祖棻、游寿、高文、殷孟伦等，这些名驰文坛学界的良师益友是千帆一生宝贵的财富。

读书期间，千帆不仅刻苦学习，也活跃于学校各类活动。二年级担任了学生社团组织"中国文学会"负责人，1935年担任文学院学生自治会主办的《金大文学院季刊》刊委会主席，还与孙望等学友自费创办了《诗帆》半月刊，创作新诗，发表评论，吸引了不少志趣相投的同学积极投稿，刊物发行也收到良好的反响。他们还曾将刊物寄给了当时的日本大学者——东京帝国大学的汉学家铃木虎雄，没想到他和孙望居然分别收到了回信并得到赞许和鼓励，这件事对他今后"诲人不倦"的教师生涯有很大影响。

祖棻于1934年毕业于中央大学后，随即考入金陵大学首届国学研究班。在她读研究生期间，千帆与她相识了，由于志同道合，两人在相交相知的过程中爱情也随之到来。

1937年9月1日，二人于逃难途中在安徽屯溪结为夫妇。

1936年暮春，金陵大学北大楼（文学院）前，蔷薇花怒放

1936 年的春天，千帆与祖棻满怀爱情的憧憬漫步在南京玄武湖公园

1936 年初，玄武湖雪景留影。千帆、祖棻的后面是祖棻的妹妹沈祖芳，当时在南京读大学

1998 年秋，金陵大学建校一百一十周年之际，在原金大校园旧址处立碑纪念，千帆应邀为之题名

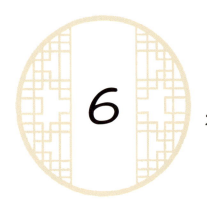

6 相逢年少承平侣（一）

余树基（1913—1977），江西铅山人，自幼居住上海。金陵大学电机工程系毕业，历任贵州省水利电力厅副总工程师、电业局总工程师等职。

余树基的父亲是参加过1911年辛亥革命的江西南昌陆军测绘学堂的学生，后投身广东国民革命军，驰骋疆场英勇善战，1928年初，在湖北枣阳任上的一次剿匪行动中不幸牺牲。十五岁的余树基独自从上海坐船到汉口，会合叔叔，扶送父亲的灵柩回到老家安葬。从此，孤儿寡母依靠抚恤金艰苦度日。

余树基在上海复旦附中初中毕业后，跟随舅舅来到南京，转入金陵中学，与同班同学千帆结为好友。金中毕业后，他们分别进入了金陵大学的电机工程系和中国文学系。

余树基与千帆在大学期间，依然互动频繁，二人谈吐投契，自命清高。当时，千帆为着解决生计问题，常常投稿报纸杂志，赚取一些微薄稿酬，颇令同学艳羡。在支付生活费后若尚有余银，千帆则会邀约余树基一同游览玄武湖等名胜，划船喝茶，品尝椒盐花生米、鸭油小烧饼等。这些同学时代的生动细节，一直深深印在余树基的脑海中。以至于他的女儿得出了这样的结论："在余树基的一生中，似乎只有程千帆让他产生过这样非同寻常的情感。"

1935年，大学三年级的暑假，余树基父亲生前的挚友、生死之交欧阳豪在江西九江去世，余树基一心想前往吊唁，无奈囊中羞涩。恰逢此时他听千帆说起，市里有一个"南京各大学学生暑期赴江西参观团"，能提供免费食宿交通，千帆已被邀请参加。经济窘迫的余树基不觉心动。见好友欲说还休的模样，热情开朗

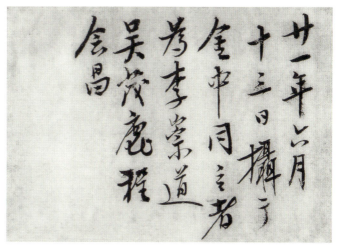

廿一年六月
十三日攝之
金中同言者
為李崇道
吳茂鹿程
會昌

1932年6月，千帆与中学好友在金中网球场留影。左起：余树基、李崇道、吴茂鹿、程千帆。照片为余树基保存并题记

的千帆便主动提出："你放心，这事我来办！你就随团享受一次免费回老家的待遇吧。反正有人出钱，大家都是趁暑假出去玩玩，读万卷书行万里路嘛。"

千帆在校期间，学习好，人缘好，谈吐风趣，活跃于文学社团，与当时校内各方政治势力均无纠葛，所以学校的一些活动，组织者不仅愿意邀请他参加，还很给面子。

于是，这次经由南昌、临川、南丰、宁都、瑞金、九江等地的十日之旅，两位好友结伴而行，沿途观光，并不在意此行目的。何况行程仓促，天气炎热，遇到有人介绍情况时，他们总是戴上墨镜闭目养神。旅行结束，千帆回到南京，余树基则从九江离团，前去祭拜世伯，一了心愿。

本来，一次可有可无的学生社会考察（至少在千帆是这样想的）很快就被遗忘在大家的脑海中。之所以让余树基念念不忘，则在于他多年来终于获得一次免费回乡的单程"车票"，也正是这"念念不忘"，终于在二十年后让他深切痛感这是一次"祸及终身"的旅行。

因为这次旅行，曾在瑞金逗留一天，主办方组织大家参观了蒋介石对苏区第五次"围剿"的"胜利成

1936 年，余树基于金陵大学北大楼前

果"，以及红军阵亡将士纪念塔、共产党中央当时的办公地等。其实，当天令他们二人感兴趣的却是中途溜号，去向当地老百姓搜集换取苏区发行的多种纸币和硬币。回校后，千帆用玻璃相框将这些苏区钱币装成一套，送给金大图书馆，并写上了两位捐赠者的名字。

大学毕业后，余树基考入南京下关首都电厂。1937年9月，南京空袭日紧，余树基跟随父亲的老朋友逃到芜湖，打算返江西老家祭扫父亲陵墓。听说千帆正在屯溪任教，于是间道屯溪，与千帆一聚，当时千帆为安徽中学学生讲授文学史上的爱国名篇，慷慨陈词宣传抗日，给余树基留下了深刻印象。1938年初，余树基流亡到昆明，1940年来到贵阳电厂。五十年代以后，他历任贵州省水利电力厅、电业局的总工程师。

新中国成立之初，一向埋头于发电工程技术，尚不明白阶级斗争为何物的余

1945年摄于美国。1944年10月，余树基参加国民政府资源委员会首批赴美实习人员招考获录取。1945年5月，飞越"驼峰航线"取道印度，换乘美国军舰航行大西洋二十余天，6月22日抵达美国，一年后学成归来

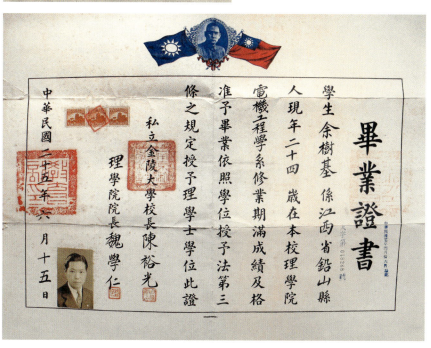

余树基的金大毕业证书。千帆夫妇的毕业证书毁于"文革"中

树基，在1951年7月，按照要求写下了一份"干部历史小传"，其中他还以花絮笔调对1935年的江西之旅进行了一番描述。让他始料不及的是，在后来历次的政治运动中，他每每被要求填表自查，而"赴江西考察"则成为必查项目，屡次交代深刻检查。到了"文革"，余树基作为贵州省电力系统的"反动学术权威"，更是遭受"火烧"、"炮轰"，为"江西考察"一事还有专案组特地赴武汉向千帆进行"外调"。

1978年8月，千帆重返"少年歌哭之地"，执教于母校南京大学。多少往事涌上心头……他想起了好友余树基。从来都是"行动派"的他立即发出一封短信"投石问路"。

树基兄：

几十年不相闻问，彼此均垂垂老矣。弟于今年八月由武汉调到南京大学，会晤老同学多人。话旧之际，极以兄为念。因此，决定先写一简信探听一下。如得回信，当再详告一切。祖棻已于去年逝世，弟仅有一女，已适人，顷仍在武汉。弟一人在此，逍遥而又寂寞。兄情况，但于数年前闻外调人员说了一句，每月拿十五元烧锅炉而已。其余尽在不言中。想现日月重光，天地清泰，一切均成陈迹矣。望复。即颂

双安！

弟程会昌顿首　十月三日（1978年）

信件辗转到达余夫人手中，待千帆接到回信，不禁怅然长叹。原来，身体一贯健壮的余树基在长期巨大的精神折磨和郁郁寡欢中，在突如其来的病魔摧残下，没能熬到"日月重光，天地清泰"的好日子，于1977年5月因病长辞。

余树基的大女儿余未人是著名作家，贵州省文联副主席、中国民间文艺家协会副主席。2010年5月，她在整理编写家族历史时，辗转托人找到丽则，希望能帮助查寻当年两位爸爸在瑞金搜集并捐赠金大图书馆的苏区钱

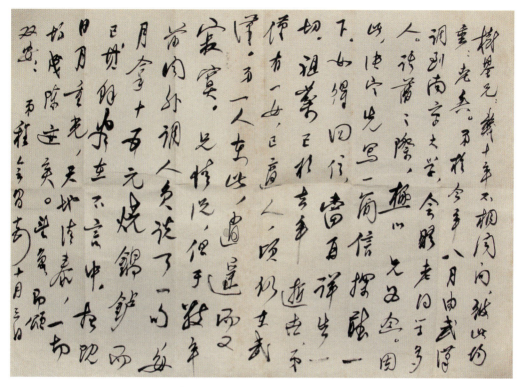

1978年10月，千帆寻访余树基下落的信件

币，虽然丽则找了南大图书馆、档案馆的熟人了解并查阅，但任务未能完成。两年后，丽则偶然得知南京大学有不少文物馆藏于历史系文物室，且正在清点准备并入南大博物馆，于是再次托人关注，最终依然无果。2013年3月，丽则与余未人取得直接联系，告知情况。同时获得了有关千帆的点滴资料，尤其是余树基记忆中的千帆往事，还有一张金中网球场上的同学合影，这些都弥足珍贵，令人不胜感喟。

7 相逢年少承平侣（二）

孙望（1912—1990），字止畺，出生于江苏常熟乡下一个教师家庭，自幼聪慧。1932年秋考入南京金陵大学中国文学系，与千帆成为同班同学，自此结下深厚情谊。

1934年，孙望、千帆及校友汪铭竹、常任侠、滕刚等组织"土星笔会"，从事新诗创作，9月1日出版了设计精致的小型期刊《诗帆》。其中，汪铭竹、滕刚二人的诗风尤为清新、凝练，孙望认为，无论意境或艺术，"二人的成就已越过风靡一时的新月派而迈进了一大步"。

读书期间，孙望还与千帆等组合"春风文艺社"，借报纸副刊的篇幅编了一个周刊，并以此为阵地，孙以"盖郁金"、"河上雄"为笔名，千帆

孙望青年照

以"左式金"作笔名，跟自封为"青年的文学导师"的王平陵打了一段时期的笔墨官司。千帆之前曾取笔名"平帆"，就是因为不愿与王平陵有一字相同，遂改为"千帆"，以示对其的藐视。

孙望因家庭经济问题，延长学习年限，至1937年毕业。毕业后，孙望到长沙，在资源委员会下属部门工作。期间，田汉在长沙主办《抗战日报》，廖沫沙任副刊主编，特邀孙望、常任侠、力扬给报纸编周刊《诗歌战线》。孙望等人的

这项业余工作活跃了当时长沙的诗歌空气，吸引了许多爱国的文化青年热情参与创作、研讨。

1937年秋冬，千帆夫妇逃难途中，由屯溪先后来到长沙，一度栖身天鹅塘孙望家，并积极投身诗歌活动，与诗友们共抒抗日救国之情怀。

当时，常常聚会的有诗人孙望、吕亮耕、力扬、常任侠、汪铭竹、吴白鹤、千帆夫妇，还有画家张安治、孙多慈、卢鸿基、陆其清等。

四十年代，孙望、霍焕明夫妇

对于这段光阴，祖棻在《杂书旧事寄止盦》中回忆：

湖海元龙让上床，肯令梁孟住长廊。楚辞共向灯前读，不诵湘君诵国殇。

屈贾当时并逐臣，有情湘水集流人。狂朋怪侣今何在？喜见江山貌已新。

狂歌痛哭正青春，酒有深悲笔有神。岳麓山前当夜月，流辉曾照乱离人。

七十多年前，这些年轻人的青春、友谊、热血、悲情都跃然纸上。

孙望对中国新诗的发展作出了贡献，但最终他还是从事了中国古典文学的教学与研究，并取得诸多成果。1942年，应高文的邀请，他与千帆夫妇一同回到母校金陵大学任教。1952年始，孙望便一直在南京师范大学任教，并长期担任中文系主任。

孙望的女儿原靖曾询问千帆伯伯："你们当年那样热血飞扬，激情浪漫，写了那么多那么好的新诗，为什么后来都改行教古典文学了呢？"千帆轻轻一语带过："为了吃饭呀。"

1955年12月18日，孩子们的合影。左起：程丽则、孙原平、孙原靖、孙原安

哭子菱三首

吴楚路迢迢，东游趁海潮。方欣五月集，遽赴九京招。痛哭幽明隔，欢言梦醒遥。贻诗墨尚温，一诵一魂销。

四凶贻隐忧，市虎祸苍生。撇却亲朋去，人间岂复春。阴氛缠锦匠，冷硌伴孤坟。宋玉招魂赋，三吟菱岂闻。

精灵归恍惚（请贾岛句），万古作埃尘。鹊浦桥始架，玉楼籍巳存。人间戎锦梦，画里闭芳魂。早早呼河惨，家家忍弗闻！

闻堂有《寄外孙女早々》诗，有云："娇々生々娇々，小名叫早々。"又云："有话说不出，开口叫家々。"鄂语外祖母曰"家家"。

[附] 喜闻堂夫妇东游到宁

不见面虽久，将雏鄂渚来。江干迎远客，白下到英才。未觉乡音异，频看笑靥开。情长嫌夜短，晚色莫相催。

子菱昔日寄诗有"肯令梁孟佳长廊"及"梁孟约难酬"之句，每以孟光梁鸿自况，闻堂亦有"犹喜齐眉逗花甲"之句，足知闻堂子菱四十年感情之深且笃，故句以梁孟视之。

自四月末至五月末，闻堂伉俪东下莅宁，戏旧约也。当时曾赋一律，未遑乞政。别后方待来鸿，遽传归途以市虎相撞，惨罹奇祸厄殊。今闻堂骨折卧榻，子菱不幸长逝，追忆前情，怆恩万端。爰亲附于悼诗之后，期存吾段苛见心意焉。

止堂　1937年7月27日。

孙望悼念祖菱诗作手迹

1955年，全国高校院系调整，祖菱随江苏师院中文系合并到南京师范学院。自抗战逃难、解放后各自东西以来，又一次与孙家往来密切。尤其是星期天，祖菱母女最常去的就是孙望家和杨白桦家。两家的孩子也常常玩在一起，祖菱亦有诗记录："花前渐减少年心，重到金陵岁月深。元白通家交谊旧，笑他儿女日相寻。"

孙望自年轻时便体弱多病，为人极其谦逊和蔼，处事亦谨小慎微。孙望夫妇与千帆夫妇通家情笃，"文革"中，各难自保，为避嫌久绝音书，故祖菱有诗怀念并微嗔之：

元白交亲迹已疏，
万金未抵一行书。
秣陵旧事难重理，
空向旁人问起居。

1978年，千帆重返南京任教，与孙望往来频繁，无论私交还是学术研究，甚至其他方面，都始终保持密切联系，将大学时代结下的深情厚谊延绵终生。1990年6月1日，孙望猝发脑溢血，倒在为学生忙碌工作的案前，抢救无效去世。不幸的消息令千帆大恸，泣撰挽联，充满了难忘的记忆和深情的怀念：

1981年12月，千帆与孙望在汉口路寓所

止疆尊兄先生哀辞

　　五十年尔汝之交踪迹未尝疏，最难忘弱冠初逢，坐雨联吟如昨日

　　旬日前谈笑犹接平安仍有信，竟何至人琴顿杳，倾河注泪哭斯人

　　　　　　弟程千帆　敬挽

2016年11月，丽则与孙家小妹原靖（右）留影南京梅花山。虽然父辈纷纷谢世，两家儿女却始终保持通家之好

千帆的挽联让我们想象1932年的那个秋天，他与孙望，白袷青衫两少年，初逢于金陵大学文学院，在北大楼里一见如故。听窗外雨声淅沥，竟日长谈，吟诗联句……

　　殷孟伦（1908—1988），字石臞，四川省郫县人，著名语言学家。1932年毕业于中央大学中国文学系，1935年赴日本东京帝国大学深造，归国后历任四川大学、中央大学、山东大学中文系教授。是四川著名学者赵少咸的女婿。
　　殷孟伦早年曾受业于林思进、赵少咸、黄侃，并接受过章太炎的启发和指

1932年,二十四岁的殷孟伦
风华正茂,留校中央大学文学院
任助教

导,从而使他在传统语言学的文字、音韵、训诂方面打下了扎实的基础。

三十年代初,殷孟伦由成都高等师范学校转学至南京中央大学,正好由黄侃老师主试。殷孟伦的学识才华得到黄先生的极大赏识,竟然一下子三门考试都给了一百分,这在文科中几乎是没有先例的。

祖棻在后来的回忆中经常谈到此事,盛赞其为"一日之内,名满京华"。当时许多同学特别是女生都争相前往探看,想一睹这位四川青年才俊的风貌。祖棻又有诗赞曰:

当年名下无双士,同学班中第一人。
三峡江山助文藻,六朝烟水忆风神。

殷孟伦不仅学问扎实,而且为人正直,对朋友亦是古道热肠。

1957年,千帆被错划为右派分子,工资骤减为三十元。过了两年,国家进入三年困难时期,物资供应奇缺。千帆当时抽烟多,只好买质量很差、味道很凶的阿尔巴尼亚烟,即使这样的烟也是凭票供应,数量很少。在当时,国家对高级知识分子有一定照顾,比如每月可供应几斤白面,几包好一点的香烟。殷孟伦自己不抽烟,他就将这些烟积攒起来,不定期地寄给千帆,解决他的一些困难。这样的情况持续了两年多,直到国家经济形势好转。

国家度过困难期后,政治形势也略有松动。武汉大学重新安排校内的右派分子,原讲师以上职称者回到各系工作,助教分配在校内各行政单位。千帆于1962年离开农场,安排到中文系资料室直至"文革"开始。千帆担任资料员期间,工作比较轻松。他立即抓紧时间,收集材料写作论文,但凡有查不着的,他都写信给殷孟伦,由殷孟伦设法帮助查询寄来。

值得一提的是,以千帆的学识作为资料员,为前来查阅的青年教师提供了极大的帮助,这是一般资料员无法做到的。多年后,不少当年受惠的教师提起此事还津津乐道。

1977年6月27日，祖棻遭遇车祸不幸去世，千帆亦身心俱伤。8月的武汉天气酷热，殷孟伦利用暑假专程来到珞珈山下，吊唁和慰问老友。当时，女儿丽则因过度悲伤在家休息并照顾父亲，千帆的大妹妹程夕佳母女从长春前来奔丧，在狭小简陋的两间房中已住了大小五六口人。殷孟伦却并不在意，挤住一起多日，安慰老友，聊天排遣，还鼓励丽则报考大学。这在当时实属不易，"左"毒未清自顾不暇，若非殷孟伦敢作敢为，对朋友一片挚诚，哪能做到这一点？因此，他也就成为亲人之外唯一的远道来吊者。

大约四十年代中期的殷孟伦

改革开放之后，两人见面增多。殷孟伦外出开会，带学生游学，多次来到南京，千帆也应邀到山东大学讲学，参加研究生答辩会。

1988年12月16日，千帆得山东大学电报，知殷孟伦逝世，不胜悲痛。丽则于12月20日代父前往济南吊唁，表达了全家人的哀悼之情。

祖棻生前与殷孟伦通信甚密，常常想象和计划退休之后同到江南安居，在苏州结邻共度余生。丽则也一直希望到济南去看望殷伯伯，为此，殷孟伦还为丽则画了详细的住址线路图。当然，这些美好的愿望最终都未能实现，如祖棻所言："结邻终负他年约，白首离居湖上村。"丽则在悼念殷伯伯之后，也写了《哭孟伦世丈》诗，其中特别提到"欲结香邻傍越水，还斟新酒过莲池"、"飞鸿一纸空相约，顾骥三番总负望"，来追忆那些难以忘却的情感。

千帆为南大中文系撰吊殷老之挽联：

> 儒林家法文苑风流，擅一代高名，绩学自堪传后世。
> 蜀道艰难岱云缭绕，有三千弟子，讲帷同恸失宗师。

2012年，丽则在编辑《千帆身影》时，希望能找到一张殷伯伯当年"名满京华"时的照片。为此，从济南114开始，多方查找殷伯伯的儿子殷正林的电话，没想到最终却是惊闻噩耗，得知正林已因病去世多年了。此消息令丽则震惊，长叹良久，想正林逝世时亦不过六十有余。时隔半年，丽则再下决心，又是几次三

七十年代，殷孟伦为人书扇面

　　1983 年 10 月 30 日，千帆陪同老友殷孟伦、刘君惠游览清凉山。当时二人赴扬州参加全国语言学年会后到南京。左起：刘君惠、程千帆、外孙女小燕、殷孟伦夫妇

殷孟伦为涉江词人手稿册题念

番拿起电话搜索追寻，苍天不负有心人，终于找到了一位尚存有正林夫人手机号码的办公室老人，才有了殷孟伦青年时代珍贵照片的展现。时隔十年，2022年春天，丽则在再次修订补充本书的图片、文字过程中，得益于持续深入挖掘、网络便捷以及友人助力，终于发现了无限接近"名满京华"时期的一张照片——1932年的殷孟伦。

49

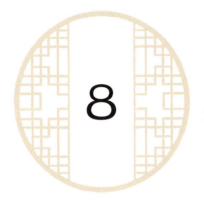

8 相逢年少承平侣(三)

高文（1908—2000），字石斋，出生于江苏南京的一个世宦家庭，自幼受到传统文化的教育，于经史子集均有涉猎，打下良好的国学基础。

1926年，高文考入金陵大学中文系，1934年又考入金陵大学国学研究班，与祖棻、徐复、萧印唐、章黄荪、游寿等为同班同学。高文以文字学、史学、诗学和书法见长，尤精于考据之学。1949年后调入河南大学中文系，直至2000年11月去世。

今人刘梦芙《"五四"以来词坛点将录》中赞其为"地伏星金眼彪施恩"，特别提到在

1931年，高文时年二十三岁

"四十年代初违难西蜀，与庞石帚、沈祖棻、程千帆、刘君惠、白敦仁、陈孝章、萧印唐诸家共作《霜花腴》、《高阳台》词，歌哭山河，与少陵诗异曲同工，堪为词史"。

高文和祖棻同为研究班的同学，与千帆也属金大的先后同学，彼此友谊甚笃。千帆在高年级时曾与高文同一寝室，祖棻等经常来约高文一同去学习昆曲，由此结识了千帆。高文家住南京七里洲，筑有深柳读书堂，经常是同窗好友一起论艺衡文、聚会唱和之地。

祖棻在四川时有《踏莎行·寄石斋、印唐成都，二君皆金陵旧侣》词云：

白袷衫轻，青螺眉妩，相逢年少承平侣。惊人诗句语谁工，当筵酒盏狂争赌。

花影楼台，灯痕帘户，湖山旧是经游处。过江愁客几时归？神京回首迷烟雾。

"文革"中祖棻亦有诗怀念：

早筑诗城号受降，长怀深柳读书堂。
夷门老作抛家客，七里洲头草树荒。

高生投老绝交游，抛尽诗筒与酒筹。
蜀水吴山懒回首，吹台独上古中州。

1949年以后，高文蛰居汴梁，曾经豪气干云、议论肆出的他与友人逐渐疏远，以免互受牵连。至"文化大革命"中，面对严酷的现实，高文更是选择了沉默谨慎，深居简出。

1944年初，高文所赠书法条幅

七十年代中期，受到祖棻《岁暮怀人》四十二首的强烈感染，高文终于迸发出二十多年被压抑在心中的诗情与热情，写赠祖棻八首诗，祖棻逐一和之。以下各选二首：

风貌依稀似昔年，肌肤冰雪藐姑仙。
闲愁万斛防肠断，为诵南华第一篇。（高）

裙屐翩翩忆往年，输君酒圣与诗仙。
比来旧好多新咏，更待佳章有续篇。（沈）

1945年仲夏，高文所赠书法长卷（局部）。诗书并佳，堪称高文早期的得意之作

韵比寒梅尤绝俗，词怜漱玉最超群。
衰年何以慰幽独，欲折榴花寄似君。（高）

天末冥鸿成远举，霞边孤鹜怅离群。
廿年休道无音信，旧卷重开每忆君。（沈）

在以上这些诗词中，我们看见的是前辈学者年少轻狂时的欢乐，历次政治运动后谨慎的生活状态，以及他们终老也不会放弃的友谊与诗歌。虽彼此牵挂、热忱相邀，然命运无情，相聚开封、同游中原古迹、共尝汴梁西瓜，终成一纸空约。

1998年，高文为子媳生日书《涉江词》。此时距祖棻去世二十余年矣

1998 年，高文九十高龄书房照

萧奚荦（1911—1996），字印唐，四川省垫江县人，家中经营茶叶生意。1929年入读成都师范大学文科班，二十三岁时，因"慕蕲春黄季刚先生、长洲吴瞿安先生之名"（千帆语），千里投奔，以国学满分破格录入金陵大学国学研究班，与祖棻成为研究班同学。

千帆在《涉江词笺》、《印唐存稿序》中描述了萧印唐的为人，"任侠轻财，急人之急，多金不吝"，"任侠好义，善与人交，而文采秀发，尤工草隶，故同学莫不爱重之"。当时，千帆夫妇与萧印唐"交情尤契，称莫逆焉"。

1937年夏末，日本战机轰炸南京，形势危急，人心纷乱。萧印唐当时在南京安徽中学任教，随校迁至屯溪，于是劝千帆、祖棻利用暑假到屯溪暂避敌机轰炸。不料战势日紧，滞留屯溪期间，南京已是难以返回。于是在萧印唐的介绍下，千帆二人留在安徽中学任教一学期，暂时解决了生计问题。也正是在屯溪，面对战争趋势、流离旅程的不可预测，千帆、祖棻结为夫妇，以求相携相随。证婚人便是南京安徽中学校长与萧印唐。在"仓皇临间道，茅店愁昏晓"中，幸得"印唐先在，让舍以居，惊魂少定"。祖棻有词为记：

长安一夜西风近，玳梁双燕栖难稳。愁忆旧帘钩，夕阳何处楼？
溪山清可语，且作从容住。珍重故人心，门前江水深。

1936年，萧印唐就读金陵大学国学研究班

不久南京沦陷，日寇逼近。尽管姚文采校长向军方借了200支步枪，准备带领师生转移到山区，一边打游击，一边办战地学校，最终，安徽中学还是在日益紧张的形势下被迫解散，师生们四处逃散。

1938年初冬，祖棻在几位学生陪同下，先行离开屯溪，途经武汉，后逗留长沙再辗转到达重庆。异地他乡的失业中，全仗师友援手，五月份到汪东先生介绍的重庆贸易局，工作仅两个月，贸易局就停办了。九月又得萧印唐举荐，到重庆界石场蒙藏学校任教一年。

1939年暑假，祖棻因病辞职，在西康建设厅工作的千帆本拟接她到康定养病，因病体不支，不得已中途滞留雅安，当时千帆的父亲继母正避难于雅安。久病不愈，夫妻化离，虽有"印唐始约养疴白沙，素秋复邀就医渝州"，然"皆不果行"。祖棻病中抒怀《金缕曲》分寄萧印唐、尉素秋，尤感乱世中同学情深。词中有云："寂寞人间世。论交游、死生患难，如君能几？""词赋工何味？心血尽，几人会？""一样关山多病日，未能忘、尚有中原事。堪共语，兄和姊。"萧印唐阅之动容，"得词泣诵再三，并传观师友，以博同声一哭"。

抗战胜利后，因流亡而聚集四川的人们纷纷回乡或他往，老朋友们也就此分离。1949年后，萧印唐辗转长春电力学校、南京电力学校，后长期在重庆电力学校任教。"文革"中，所存文史要籍及文稿悉被焚掠殆尽，关押批斗三年，受尽摧残。

时光转眼来到1972年，祖棻通过多方渠道打听寻找萧印唐并无结果。1973年冬，祖棻曾经写下一组《岁暮怀人》诗，其中属于萧印唐的写道："巴峡畸人忆旧狂，千金散尽始还乡。箧中草圣依然在，何处春风问讲堂。"后来，萧印唐从王淡芳处见到这首诗，遂有《淡芳见示紫曼怀旧绝句次均奉答》：

> 白门游侣少年狂，皓首于今各异乡。
> 丰乐安康际盛世，龙钟休退亦堂堂。

1975年4月的一个黄昏，来自山城重庆的飞鸿带着春日的气息落在了江城武昌，令这个平淡无奇的时刻变得"喜出望外"，自此，祖棻与印唐情谊重续，唱和不绝。

祖棻在回复的第二封信（4月17日）中就附上了新作《得印唐书却寄》十首，再抒惊喜之情：

> 十年消息总茫然，远信惊疑雁不传。
> 漫说百书输一面，一书犹望及生前。

1937年，萧印唐随任职的南京安徽中学迁至屯溪。校牌为萧书写

1937年重九，萧印唐为孙望毕业纪念册题词

闻道沱江接汉皋，

离怀渺渺路迢迢。

何当夜话巴山雨，

剪尽西窗烛万条。

印唐读诗后心情更是激动，当即许下"握手他年会有时"的承诺。

1977年1月底，萧印唐陪同夫人回到南京娘家省亲。2月中旬，萧一人先行返川，他决定回程途中在武汉下船，探望老友。2月16日天气阴冷，千帆清晨五点起床，六时冒着凛冽的寒风出门，步行半小时后车船交替来到汉口的长江客运码头。直至中午，才将萧印唐接回到武大九区家中。

2月17日大年三十，虽然物资匮乏，但是红烧鱼、肉丸、蛋饺、八宝饭、腊肉、风鸡、卤蛋、腊八豆等，还是摆满一桌，这些都是千帆一家精心筹备制作。2月18日，千帆陪同印唐前往汉口码头购买回程船票，一趟来回又是六七个小时。

沿湖漫步，围炉烹茶，抚往昔今朝，忆风雨蹉跎……只觉夜短话长。

2月20日大年初三，风寒雨冷。清早五点，千帆夫妇即起，准备送印唐过江上船，却发现印唐已经避送先行。两人随后急急追赶，幸而一路车船顺利，赶到汉口江边候船室，见印唐正啃着干点充饥。千帆立即带他去

1943年，萧印唐夫妇在成都

1939年，萧印唐诗作书法"次均寄答千帆康定"

附近小巷店家品尝地道的"武汉过早"，祖棻则守护行李。检票上船时因不忍老友离去，祖棻居然乘乱混入，协同印唐找到舱位安放行李后，才依依不舍再三握别。江水漫漫，孤帆远影。千帆祖棻极目远眺，萧印唐则思绪万端，于江轮上作《将归蜀千帆紫曼追送轮上忍泪为别》：

> 卅年相契阔，过眼历风尘。世路总荣辱，交道订死生。
> 灯前疑梦寐，堤上数叮咛。忍泪殷勤别，江轮握手频。

1977年4月25日，千帆夫妇买舟东下，前往南京与更多的同学老友欢聚，萧印唐也准备再次到南京参加聚会并接老伴返家。不料萧夫人因故提前离宁，同时家中面临知青儿女返城诸多问题，于是萧印唐再次东下的计划也就此中止。6月27日，祖棻在返家途中因车祸去世，从此永诀天上人间。

1976年冬，老学友相聚南京。左起：萧印唐夫妇、孙望夫妇、徐复

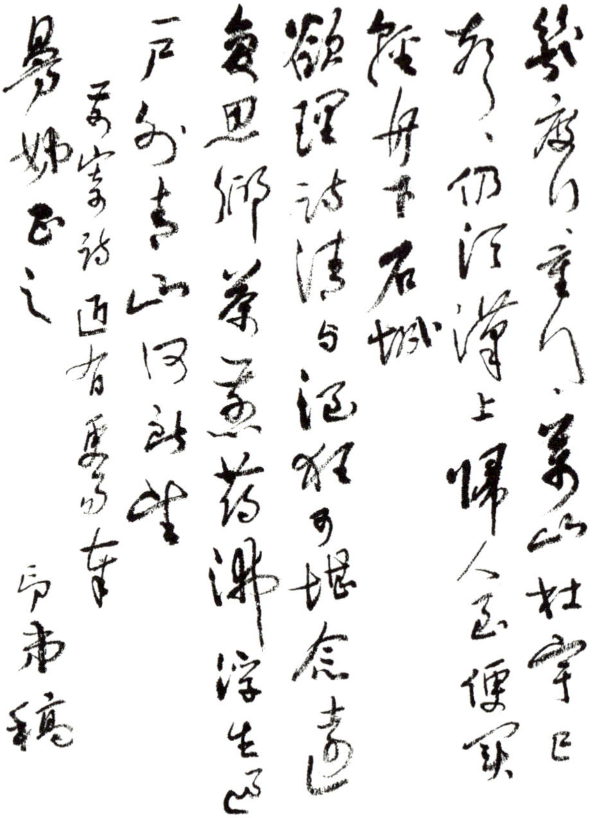

萧印唐诗作书法寄祖棻——"曼姊正之"

萧印唐闻讯大恸，写下《调寄蝶恋花·悼祖棻》：

作恶暴风吹折柳。才过端阳，冷冻疑重九。有泪如倾泪尽有，呼魂遥奠三杯酒。　　盖世文章传众口。白玉无瑕，高洁论持守。秀句清词垂不朽，丽天绝代一歌手。

1988年夏，七十八岁的萧印唐再次挥泪写下《戊辰夏值曼姊忌日写此志悼》：

往昔江轮访武昌，东湖夜话情难忘。谁知鹤渚一为别，便隔人天哀思长。

9 涉江填词图

汪东先生（1890—1963），字旭初，号寄庵。早年留学日本，毕业于东京早稻田大学，为最早的同盟会成员之一，曾追随孙中山参加辛亥革命。同时在日本期间从章太炎先生问学，不仅精通国学，并且多才多艺，尤长于词，兼工书法、绘画。

1932年的春天，南京中央大学文学院院长兼中文系主任汪东开设词选课，二年级女学生沈祖棻交来一首习作《浣溪沙》：

汪东（寄庵）先生

芳草年年记胜游，江山依旧豁吟眸，鼓鼙声里思悠悠。　三月莺花谁作赋？一天风絮独登楼，有斜阳处有春愁。

九一八事变后的民族危机在一个年轻姑娘的笔下得到如此深刻微婉的反映，引起汪先生的惊奇和注意，给予了充分的肯定和鼓励。从此后，师生之间一直保持联系，祖棻在诗词创作的道路上也一直得到汪先生的指导和赞赏。所著涉江词，大部分经先生亲为批点。

1937年以后，国难深重，师生各自流离，又聚会大后方四川。抗战中，祖棻写了大量的词作，纪实当时的家国危难，抒发情怀，期间经常与汪先生通信，呈献词作。

祖棻手书《临江仙》八首，汪师总批给予高度的肯定。批语云："此与《菩萨蛮》、《蝶恋花》诸作皆风格高华，声韵沉咽。韦冯遗响如在人间。一千年无此作矣。"

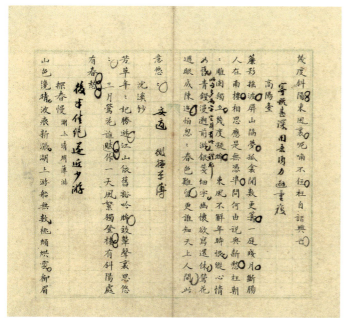

祖棻早期的词学课卷。祖棻由于所作《浣溪沙》习作得到先生高度评价，自此开始尽力于词。汪师卷中批语云："后半佳绝，遂近少游。"

1945年8月，汪东先生为祖棻作《涉江填词图》并填《木兰花慢》词。词云：

问词人南渡，有谁似、李夫人？羡宠柳骄花，镕金合璧，吐语清新。前身更何处是？是东阳、转作女儿身。盥手十分薇露，惊心一曲阳春。

知君，福慧自相因，镜里扫愁痕。待采罢芙蓉，移将桃李，归隐湖漘。阊门最佳丽地，料只凭、斑管答芳辰。已办绿杨深处，纸窗不受纤尘。

《涉江填词图》立轴

淛江填詞圖

丁亥冬日
劉賾

劉賾（博平）先生題名

填詞圖

詞詞人南渡有誰似李夫人遠寵柳
驕花鏤金合璧吐語清新莆身受
何遽差々東陽轉作女兒身盟手十
分薇露萬心一曲湯々如君福慧
自相同銑裏裳掃慈々痕待来最作飄
靜好桃李辭々湖滑間門最作飄
地軒々憑斑青苔芳辰已辭綠楊
深房低宵不受纖塵

木蘭花慢　題淛江填詞圖

民國三十四年乙酉八月寧鄉庵汪東并識

《木蘭花慢》詞與跋

62

又跋云：

　　曩郑叔问有《冷红簃填词图》，图为自作，今归其女夫戴亮吉处，余尝为题《虞美人》一阕。又吴瞿安有《霜厓填词图》，题者甚众，唯限《高山流水》一调，余因循未成，而遭乱离，遂负亡友之属，然他日必补成之也。紫曼浙右望族，侨寓苏州，所居距郑吴不远。顷之余写此图，词人鼎足，足为吴中添故实矣。

1965 年 8 月 9 日，祖棻在苏州东北街道堂巷 1 号汪宅院内与汪师母合影

　　1963 年 6 月，汪先生逝世，祖棻和老同学殷孟伦受汪师母之邀，当年暑假专程到苏州汪宅为先生整理遗稿。时隔三年，"文革"风云突起，一次红卫兵的抄家中，汪先生的遗稿几遭全毁，幸而他的孙子汪尧昌急中生智，趁那些抄家的红卫兵忙进忙出，一时不备，将一包稿子一脚踢进了院子草丛的深处，没有随家中那些书籍字画付之一炬，今日才有《梦秋词》留传于世。

　　祖棻的女儿丽则对汪宅也留有美好的印象和情感。自小与母亲在苏州居住时，就经常到汪太老师家里看望。1965 年夏天，随母亲到苏州时又多次去看望

左起：汪家亲戚、汪师母、沈祖棻、程丽则

汪太师母，并得益于汪家一位热心亲戚，留下了几帧珍贵的照片。1968 年，丽则一人东游，还在汪宅小住几日，受到太师母的热情款待。二楼的一间小房里，设有红木几案，墙上挂着汪先生的遗像，案上一尊小香炉，香烟袅袅，两边置放鲜花水果。汪太师母日日奉香悼念。她告诉丽则，汪先生作为早期的辛亥革命同盟

祖棻母女合影于汪宅小院。一年后，红卫兵在此焚烧汪先生的书稿、字画

1985 年 7 月，汪东词集手稿影印本《梦秋词》由齐鲁书社出版

会成员，一代国学大师，苏州名人，他的后事办得十分隆重，苏州市还为此降半旗。以后的日子里，虽然汪太师母也已过世，但丽则每去苏州拙政园，必凝神眺望与拙政园一墙之隔的汪宅小楼，时间允许的情况下，还会去小楼看一看，尽管人去楼空，早已被政府征用为一家幼儿园。1996 年，丽则游苏州拙政园时曾有诗怀念汪宅：

春水依然满碧塘，名园小径独彷徨。楼空壁坏人何在，犹剩当年薜荔墙。

2009 年秋日，丽则与女儿春晓又来到苏州拙政园，却不见墙外小楼，经反复打听，方知这一带已于一年前拆除，变为拙政园旁的旅游商品销售小市场了，爬满薜荔的小楼从此灰飞烟灭。

抗战期间，汪东先生曾与学者、书法大师沈尹默同居重庆上清寺考试院陶园之鉴斋，与名士乔大壮、陈匪石等常有往来。诸君相聚必论词，论词必及祖棻，汪先生回忆："之数君者，皆不轻许人，独于祖棻词咏叹赞誉如一口。于是友人素不为词者，亦竞取传抄，诧为未有。"作为前辈师长，这几位先生在当时都可谓大名鼎鼎。早期，他们或是同盟会会员，追随孙中山领导的辛亥革命，或是投身新文化运动，参与编辑《新青年》杂志，或是曾在1927年赴南昌担任过周恩来的秘书。后期，他们在各大名校任职教授，桃李芬芳。他们是著名学者、诗词专家，其中，沈尹默的书法、乔大壮的篆刻更是蜚声海内。在这样的前辈口中，能获得如此一致的高度赞赏，不能不谓之"殊荣"。

1949年春，汪先生在《涉江词稿序》中评价祖棻"当世得名之盛，盖过易安远矣"。在《寄庵随笔》（1987年上海书店出版）中称"余女弟子能词者，海盐沈祖棻第一，有《涉江词》传钞遍海内，其《蝶恋花》、《临江仙》诸阕，杂置《阳春集》中，几不可辨"。

《寄庵随笔》记载了一些小故事：汪东曾有一年多不填词，沈尹默问其缘故，汪遂戏占绝句云："绮语柔情两渐忘，茂陵合意更求皇。人才况有君家秀，试听新声已断肠。"君家秀即指祖棻也。又，书画家、翻译家，曾任国民政府行政院张群秘书的冯若飞，获得一幅《明妃出塞图》，请汪东为之题《高阳台》词，词成，若飞甚喜，不知乃祖棻代笔也。

沈尹默不仅有诗赞《涉江词稿》：

漱玉清词万古情，新编到眼更分明。
伤离念乱当时感，南渡西迁一例生。

昔时赵李今程沈，总与吴兴结胜缘。
我共寄庵同一笑，此中缘分自关天。

此联是1938年沈尹默书赠祖棻者。先生跋云："民国廿七年寄庵客渝州，为子苾集梦窗词。出语盖庆其初婚。下句则指其间关入蜀也。壬子秋日沈尹默。"

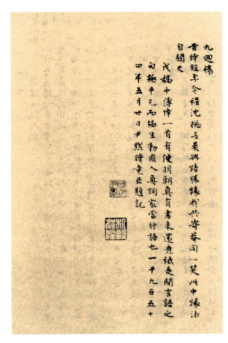
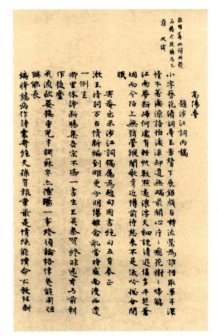

沈尹默诗赞《涉江词稿》手迹

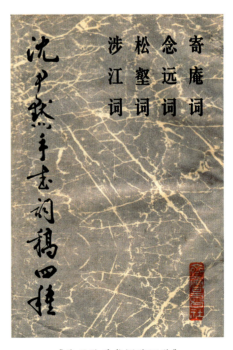

沈尹默手书祖莱词《喜迁莺》　　　　《沈尹默手书词稿四种》

66

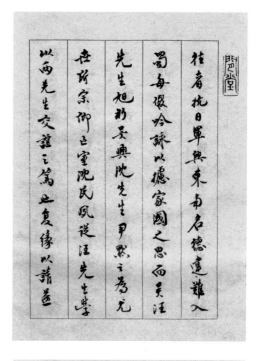

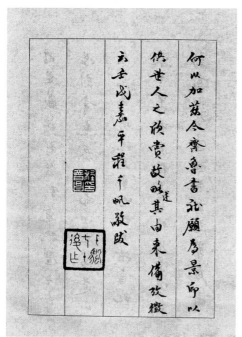

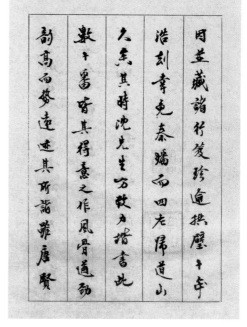

1983年，千帆将珍藏的《沈尹默手书词稿四种》交与齐鲁书社影印出版。此为千帆手书题跋

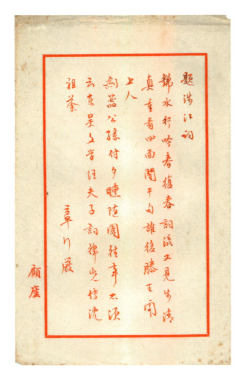

更有手书"词稿四种"，其中两种：《念远词》、《松壑词》，皆为沈尹默自作诗词，另外两种则是汪东的《寄庵词》和祖棻的《涉江词》。上面还有乔大壮、陈匪石的手书评语。由沈尹默相赠，珍藏于千帆夫妇手中数十年。1983年，千帆慷慨提供，由山东齐鲁书社影印出版，以飨广大诗词书法爱好者。

1942年7月—1947年7月，五年时间，重庆《国民公报》副刊陆续登载"沈祖棻词"六十七期，计一百四十首。乔大壮在首期题识：

涉江词受到许多前辈学者的赞赏，此为章士钊题《涉江词》（千帆手录）

> 海盐沈子苾女史，为宁乡程千帆先生淑配，夙从寄庵汪先生治近体乐府，始为令词，在正中、小山之间，才调雅赡，曾劭深为叹服。继益致力慢词，纯无空疏堆饰之习，尤为难能。吾友倦鹤陈先生论词最重转折法度，其于女史之作以为上逼清真，足使须眉生愧，良不诬也。三十年七月曾劭识。（乔曾劭，字大壮；陈匪石，号倦鹤）

台静农，著名作家、书法家。他有不少书写涉江词的书法作品。2018年由香港许乐心收集整理出版的《学人墨迹丛书第1辑·台静农》，其中共有书法作品十五幅，涉江词就有两幅（分别为《浣溪沙》"兰絮三生证果因"四首及"一别巴山棹更西"两首）。同时，丽则惊讶地发现，在该书中，还有张冠李戴，误录在厦门女词人黄墨谷名下的两幅共八首（均为《鹧鸪天》四首"惊见戈矛逼讲筵"），实际为祖棻的作品。进一步查询，得知台湾艺术家许悔之先生藏有的一幅台静农书法，也同样是冠名在黄墨谷名下的"惊见戈矛逼讲筵"四首。

2021年冬，台静农百廿诞辰纪念展在台湾大学展出，其中有一幅书写涉江词（《浪淘沙》四首"长夜正漫漫，风雨添寒"）。另有多幅散见于报刊、网络的

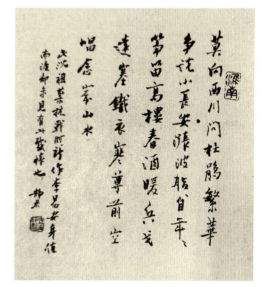

台静农书写涉江词的单首词作书法。这些
书法的款识多有："今之易安居士"；
"易安居士笔下所未有"；"李易安身值
南渡却未见有此感怀也……"尤其是，台
静农一而再、再而三地书写《鹧鸪天》
"惊见戈矛逼讲筵"。其中多幅长卷都作
于1986年他大病新愈之后，足见晚年的台
静农对涉江词的厚爱。

《鹧鸪天》"惊见戈矛逼讲筵"一
词为事件纪实，即1947年6月，武汉大学
发生了国民党政府派遣军队镇压学生运动
的"六一"惨案，枪杀了三名学生，打伤
二十多人，抓捕了一批师生。当时，千帆
在武大任教，夫妇居住在校园之内，为亲
身经历。

往事悠悠，冠名之误，究竟是台老作
书之时，年事已高，记忆出现偏差，还是
当年乔大壮先生的寄赠抄示中就已经存在
错误，已然不可得知。

台静农书涉江词作品

10 门下门生尽有文

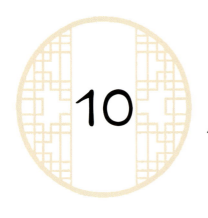

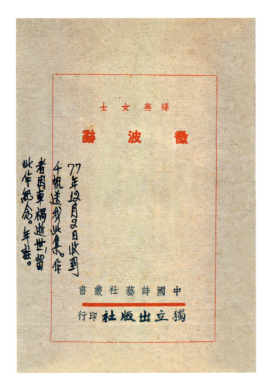

1940年在重庆出版的新诗集《微波辞》。祖棻辞世之后，千帆将此集送给《微波辞》序言的作者，著名的法文教授、翻译家徐仲年留念，徐特在封面上加以说明。最终这本珍贵的诗集又归回到千帆手中

1937年8月下旬，日寇飞机轰炸南京日甚，千帆、祖棻避难到安徽屯溪，经过在安徽、湖北、湖南等地的颠沛流离，于1938年春到达四川，辗转于重庆、康定、雅安、乐山、成都等地，直至抗战胜利。

抗战期间，祖棻历经国破家亡，远离故乡亲人，父、妹先后离世之苦，她的创作才华在民族苦难中孕育成熟。她用少女的心，少妇的泪，用一个爱国诗人的笔，写下了一首首被汪先生评点为"风格高华，声韵沉咽"的诗词，"韦冯遗响，如在人间"。

1940年，她应中大老师徐仲年之邀，选出部分新诗，辑为《微波辞》，在重庆出版。其中几首，被作曲家谱曲，传唱一时。作于1932年春天的《别》一诗更是红遍大江南北。几十年后，祖棻寄孙望诗中曾言及当年："未称珊瑚入网罗，新辞一卷托《微波》。漫云心事无人会，早被

巴渝谱作歌。"千帆在晚年回忆此事时亦写有"巴渝唱遍吴娘曲，应记阿婆初嫁时"之句。

别

我是轻轻悄悄地到来
象水面飘过一叶浮萍
我又轻轻悄悄地离开
象林中吹过一阵清风

你爱想起我就想起我
象想起一颗夏夜的星
你爱忘了我就忘了我
象忘了一个春天的梦

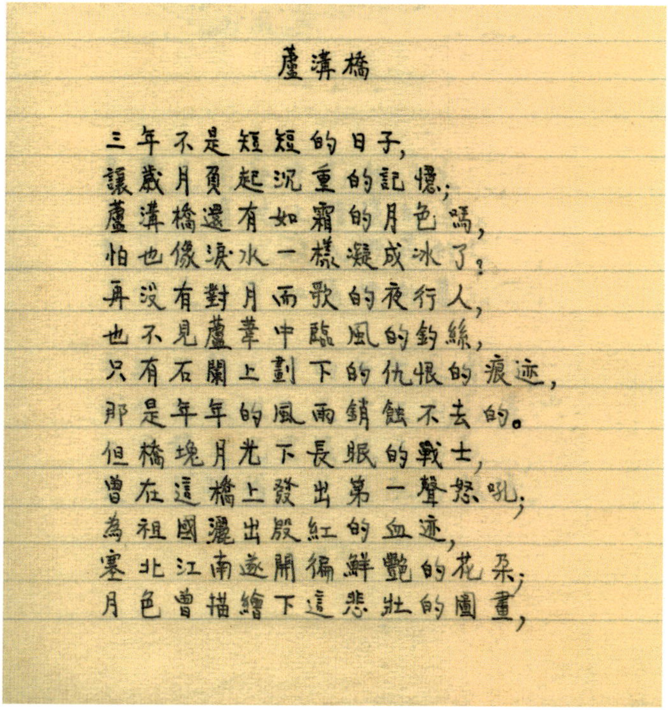

蘆溝橋

三年不是短短的日子，
讓歲月頁起沉重的記憶；
蘆溝橋還有如霜的月色嗎，
怕也像淚水一樣凝成冰了，
再沒有對月而歌的夜行人，
也不見蘆葦中臨風的釣絲，
只有石闌上劃下的仇恨的痕迹，
那是年年的風雨銷蝕不去的。
但橋塊月光下長眠的戰士，
曾在這橋上發出第一聲怒吼，
為祖國瀝出殷紅的血迹，
塞北江南遠開偏鮮艷的花朵，
月色曾描繪下這悲壯的圖畫，

祖菜《微波辞》手稿

祖棻在四川任教期间，教授诗选、词选、曲选及文学史，秉承汪东、吴梅先生的教诲，积极弘扬中华传统文化。1942年秋，千帆夫妇在成都金陵大学任教。祖棻开设《词选》课。1943年冬，在她和千帆的倡导支持下，爱好诗词的学生组织了正声诗词社。每月聚会一两次，或讨论学生习作，或进行诗词唱和，或听取导师分析指导。聚会地点多在成都少城公园、望江楼、武侯祠，饮茶聚餐，其乐融融。

首批入社的学生为五人：金陵大学中文系邹枫枰、卢兆显，国文专修科杨国权、池锡胤，农艺系崔致学。指导老师为：沈祖棻、程千帆、高文、刘君惠以及成都中学教师陈孝章。1944年春夏两季，先后加入学生共九人：金陵大学刘彦邦、陈荣纬，国文专修科萧定梁，四川大学中文系宋元谊、王淡芳、周世英，华西大学中文系王文才、刘国武，武汉大学中文系高眉生。

据老社员刘彦邦回忆：正声诗词社之名源自李白的"正声何微茫，哀怨起骚人"。不仅是提倡继承古风音韵音律之雅正，更是要在国家兴亡之际弘扬民族正气之声。在开第一次社务会时，大家就商定编印《正声》诗词月刊在社会上公开发行，为此，推选邹枫枰为社长，负责向省文化局申办立案及经费筹措、交涉印刷等事务工作，卢兆显为副社长，与杨国权共同主编。社员们雄心勃勃，写诗作词，出力出钱，当年底拿到立案批准文号时，《正声》诗词月刊一、二两期稿件已编妥送进印刷厂了。

根据多位老社员的回忆，正声诗词社活动的主要轨迹如下：

1943年冬，正声诗词社成立。

1944年1月，《正声》第一期出版。

1944年2月，《正声》第二期出版。

1944年7月，《风雨同声集》（正声诗词社丛书第一种）出版。

1944年11月，《正声》第三第四期合刊出版。

1946年4月—1947年1月，《西南新闻》报副刊载《正声》专栏共计三十三期。

1947年10月，《正声》新一期出版。

其中，关于《西南新闻》的转载起止时间，刘彦邦回忆为"1945年春—1946年冬"，李定一回忆为"1945年6月—1946年秋"。

正声诗词社的活动长达四年，《正声》诗词刊共出版五期，每期五百本，除

《正声》第一期封面及目录

《风雨同声集》封面及扉页

《正声》第三、四期合刊封面与底页

当年祖棻圈点卢兆显词作

分送有关部门及亲友外，其余交与几家大书店代销，销量很好，此外还出有《风雨同声集》小册子一本。当时的编辑出版联络处为"成都光华街85号附4号程宅"，光华街85号是刘君惠岳丈的房子，当时刘君惠夫妇住在那里，附4号即千帆夫妇租赁刘君惠岳丈家的一间小屋。

稿件由大家提供，经费由大家分摊。抗战后期，物价飞涨，民生凋敝，学生捉襟见肘，导师入不敷出，正常出版难以为继。后经导师陈孝章推荐，又一度设法在《西南新闻》报双周副刊上登出《正声》诗词专栏，并由闻在宥题写刊头，前后达三十多期。专栏不仅刊载正声社员的诗词，也刊载了不少师友及前辈的大作，如林山腴、汪东、汪辟疆、沈尹默、萧中仑、程穆庵、陈寅恪、刘永济、谢无量、向仙樵、沈涤荪、向迪琮、曾缄、庞石帚、吴宓、缪钺、殷孟伦、叶石荪、潘重规、李思纯、吴征铸等人的作品。

1946年后，因为老师纷纷离川东归，学生忙于找工作或写毕业论文，活动趋于停滞。1947年秋，在成都的几位社员重聚，有意雄风再振，于是决定编辑《正声》新一期，正待出版之时，社中元老、主力，才华出众而体弱多病的卢兆显病情恶化突然去世，正声诗词社的活动和刊物出版从此落下帷幕。前有才子卢兆显的英年早逝，后有才女宋元谊的自缢身亡，都令祖棻痛心疾首。丽则虽然从未谋面二位师兄师姐，但是在母亲的反复讲述中他们栩栩如生。

正声诗词社成员合影。前排左起：导师刘君惠、川大教务长叶石荪、导师高文、沈祖棻，社员宋元谊及其小侄女。后排均为社员，左起：卢兆显、杨国权、刘彦邦、王文才、王淡芳、刘国武

刘彦邦深情回忆："《正声》从成立到成长、发展，都主要依靠沈师的扶植、指引，而她为使我们在课外多学些东西，提高点水平，完全是拨冗、扶病来支持社里的工作和参加我们的活动。这样的恩情，真叫我们没世难忘。"《风雨同声集》合刊了祖棻在金大教学中的第一批高材生即正声最早社员杨国权、池锡胤、崔致学和卢兆显四人的词作各三十首左右。"所有词作都经沈师点定。书名是沈师取，序是沈师作。"抗战胜利后，1946年秋，祖棻东归，在病苦交加中还与同学们保持书信往来，认真点评他们的习作，鼓励他们学习古代伟大诗人的品格胸襟，眷怀家国，感慨兴衰，保持创作激情。1973年祖棻作《岁暮怀人》四十二首，其中有六首是怀念昔日的学生社员。

章士钊曾有诗赞曰："大邦盈数合氤氲，门下门生尽有文。新得芙蓉开别派，同声风雨已堪闻。"又自注曰："沈祖棻为程氏妇，其门人已刊《风雨同声集》词稿。"

祖棻教授过的四川大学女学生章子仲（左）、宋元谊（右），二人为同窗好友。宋元谊热爱古典诗词，尤善对联，不幸于"文革"中罹难。祖棻有诗怀念："昔日曾夸属对能，清词漱玉有传灯。浣花笺纸无颜色，一幅鲛绡泪似冰。"章子仲则兴趣在新文学，四十年后，受千帆委托，写成《北斗七星——沈祖棻的文学生涯》

当年正声诗词社成员留下了唯一一张合影。拍照时间在1945年秋冬之际的一次集会之后，可能是双十节，抗战胜利后的第一个国庆日。因诗词社的首批社员当时已相继毕业离校，故此照片只留下了部分师生的影像。诗词社的导师本是五位，其中陈孝章甚少参加集会，千帆此时已离开成都赴乐山任教。叶石荪是千帆的好友，时任四川大学教务长，当天来看望祖棻，临时被邀参加集会并留影。

照片上的诸君无不才华横溢，导师满腹经纶，学生青春正茂。然大江东去，岁月无情，逝者如斯。2012年丽则在编著出

1977年8月，王仲镛、王文才、刘国武悼念祖棻师的诗词

版《千帆身影》时，只有当年最年轻的社员之一、成都刘国武以九十余岁高龄硕果仅存。2017年9月，刘老驾鹤西去，享年九十七岁。

1977年8月7日，在祖棻不幸车祸罹难四十二天的日子（按中国传统中悼念亲人亡灵"做七"的说法，当是"六七"），昔日正声诗词社的师生刘君惠、王淡芳、王文才、刘彦邦、刘国武以及王仲镛等人，相聚成都望江楼，泪洒锦江水，遥祭涉江人。

流光容易把人抛，当事人的记忆在岁月的长河中浮浮沉沉。刘彦邦、李定一（金大国文专科生，曾任《西南新闻》副刊临时编辑）分别在1988年、2005年、2008年，都曾经写有文章回忆正声诗词社的活动，但是毕竟年深月久，当年的刊物难以寻觅，因此对于出版、刊载《西南新闻》等的具体时间记忆各有差异。

2007年刘彦邦在美国去世，次年4月，女儿刘婉奉安成都，在川大父母旧居的书堆中赫然发现包藏完好的四册《正声》（第一期、第二期、新一期及《风雨同声集》），湮没了六十多年，连收藏者也早已遗忘的《正声》刊物竟然得以重现天日。真是天从人愿，人生总有惊喜等在不远处。

2009年4月，丽则通过南京大学图书馆陈远焕上网检索全国图书系统，查得南京图书馆藏有《正声》第一至四期，共三册（第三第四期为合订本），据说当时能够联网查找的其他图书馆包括海外图书馆都没有收藏，可谓珍贵，得以与刘彦邦家藏互为补充。

2009年秋天，春晓到北京国家图书馆，对着馆藏《西南新闻》的胶片（不能查看原件），按年月逐一查阅，终于查出《正声》在其副刊登载的准确时间，即1946年4月24日—1947年1月15日，共计三十三期。当年深秋时节，丽则也去了北京，受春晓委托，第一次踏进国图大门，继续做了一些核对工作。

至此，在短短一年半的时间里，关于正声诗词的全部五册出版物及报刊连载都查出了下落，露出了隐藏历史深处的真容。虽然，在中国文学史滔滔江河中，正声诗词社和《正声》诗词刊不过是一朵细小浪花，转瞬即逝，可是它毕竟存在过，还有着抗日战争的宏大背景。尤其，对于祖棻和学生社员来说，那也是一段最为美好最值得怀念和珍惜的师生之情。

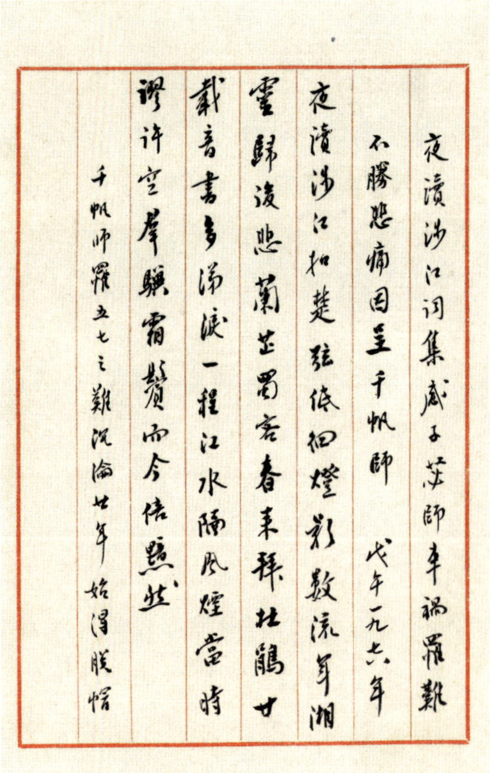

芳草年年記勝游江山依舊動吟眸鼓聲
聲裏思悠悠　三月鶯花誰作賦　一天風絮
羞登樓有斜陽還有新愁
書子苾師浣溪沙詞　庚辰夏五月　曉禾

夜讀涉江詞集感子苾師辛禍罹難
不勝悲痛因呈千帆師　戊午一九六年
夜讀涉江和楚弦低柏燈彩數流年湘
靈歸渡悲蘭芷蜀客春來耕杜鵑廿
載音書多湯液一程江水隔風煙當時
譚許空舉驥霜鬢雨今倍憮然
千帆師羅五七三難沈淪廿年始得脫帽

王淡芳读涉江词集呈千帆师的诗作 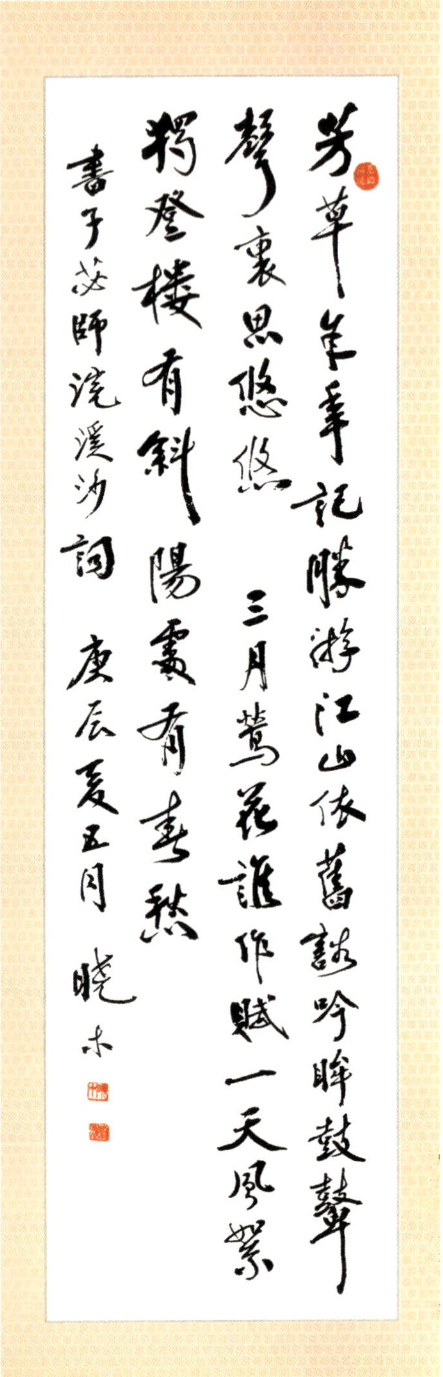　　　刘国武抄录祖棻师词作的书法

11 十年芳华忍泪过
人间犹有残书在

抗日战争是中国近代史上最为惨痛的一段血泪史，也是最为壮烈的一段英雄史，千帆夫妇虽然没有生活在东三省也逃离了南京大屠杀，但他们和广大的人民一样历经了生死离别、颠沛流离，从1937年离开南京，到1946年秋天重返江南，祖棻在流亡的路上奔波了十个年头，千帆则是在1945年秋天随武汉大学迁回珞珈山。

1936年，他们毕业于金陵大学，一年后踏上流亡之路，直至抗战结束，除了失业，临时就职公务员外，始终以"授业解惑"作为自己的本业。千帆先后在南京金陵中学、屯溪安徽中学、益阳龙洲师范学校、乐山中央技艺专科学校、乐山武汉大学、成都金陵大学、四川大学任教；祖棻则在南京国立戏剧学校、屯溪安徽中学、重庆界石场蒙藏学校、成都金陵大学、四川华西大学任教。这十年，是他们青春苦难的年代，也是他们生命中有重要成就的十年。

祖棻 1946 年春天于成都

一部《涉江词》伴随着他们的苦难历程，记录了他们为生活而奔走，为正义而呼吁，为国家而忧患，为事业而奋斗的十年时光。

失业令日子窘迫，病痛更是雪上加霜。为了生活，千帆有一两年不得不奔走在川西的崎岖山道，往返于康定、雅安、成都之间。1940年春，祖棻在成都医院手术，半夜遭遇大火，仅披一床毛毯仓皇出逃，混乱之中，直到天明时分，夫妻二人才得以相逢，犹经生死之隔。祖棻作《宴清都》词以记，序云："奔命濒危，仅乃获免。千帆方由旅馆驰赴火场，四觅不获，迨晓始知余尚在。相见持泣，经过似梦，不可无词。"后，祖棻幸得唐圭璋相助，暂居唐家，不久又住宿到青年会。六月，在敌机的时时空袭中，祖棻再次入住成都四圣祠医院继续治疗。经过大火，祖棻当时衣物殆尽，得到老同学尉素秋、徐品玉的馈赠，那床从医院带出来的美国军用毛毯，跟随祖棻夫妇度过在四川的日子，来到珞珈山上。一直到七十年代，因为物资奇缺，女儿将其送到店里纺织成毛线，为千帆织成一条毛裤，虽然极其粗硬，但也坚持穿了若干年。

祖棻天性温柔敦厚，却是爱憎分明。她勇于抨击时政，批判腐败，例如游仙词《浣溪沙》"兰絮三生证果因……"前后十三首、《虞美人·成都秋词》五首、《减字木兰花·成渝纪闻》四首，其中描写前方战士英勇惨烈、后方民众水深火热与达官贵人"隔江犹唱后庭花"的强烈反差，在当时产生了一定的社会反响。其中登在《大公报》上的游仙词十首，甚至引起了国民党元老于右任的注意，他赏识祖棻的才华，出于关心，专门委托汪东先生劝其"不要讽刺打击……"以免引出麻烦。几十年后，作家黄裳在《涉江词》一文中回忆："记得那天晚上在旅寓读《涉江词》，读到'丙稿'，几乎使我惊唤起来的是，在这里竟自发现了我在三十七年前在重庆土纸印的《大公晚报》上读到过的一组《成都秋词》（《虞美人》）和《成渝纪闻》（《减字木兰花》）。当时我曾将题为《涉江近词》的这两幅剪下来，一直带在身边。这两张剪报一直跟着我到昆明、桂林、印度……一直跟着我回到重庆。在写《关于美国兵》时禁不住抄下了其中几首。"1944年秋，千帆夫妇二人又因为坚持揭发当时金陵大学某些主事者贪污教职工食米，且不愿妥协，导致双双被学校解聘。此事在《鹧鸪天·华西坝春感》四首中亦有记述。

祖棻与二汪先生、尉素秋、萧印唐、高石斋、吴白匋等保持书信唱和，歌哭之中，民族危亡的忧患意识，前途茫然的悲凉感怀处处可见。《涉江词》中记录了1942年在成都的两次多人聚会。重阳佳节，千帆夫妇与庞石帚、白敦仁、陈孝章、刘君惠、萧印唐、高石斋八人聚饮，限《霜花腴》调，各作一首。千帆在《涉江词》笺注中一一记录，并感叹"旅寓三年，极尽平生唱和之乐"。同年岁末枕江楼酒集，席间高石斋狂谈，刘君惠痛哭，日中聚饮，至昏始散。祖棻写下了《高阳台》，其中上阕"酿泪成欢，埋愁入梦，尊前歌哭都难。恩怨寻常，赋情空费吟笺。断蓬长逐惊烽转，算而今、易遣华年。但伤心，无限斜阳，有限江山"，真是历尽风雨难浇胸中块垒，欲说还休。汪先生有点评："起句惊心动魄。"

千帆在成都期间留影

战争中，千帆的父亲和继母流落到四川雅安十年，靠卖文鬻字维持旅食，生活异常窘迫；而祖棻仅有的至亲，妹妹与父亲却滞留上海沦陷区，没有等到凯旋的那一天，分别于1943年夏、1945年春不幸辞世。终于熬到胜利之日，却是"肠断吴天东望，早珠灰罗烬，乔木荒寒。故鬼新茔，无家何用生还"。贫病交加，何谈衣锦还乡，十载流离，竟然无家可归。祖棻吟出这样痛断肝肠的泣血之句，正是她当时心境的真实写照。

"人间犹有残书在，风雨江山独闭门。"幸而他们拥有读书与写作，足以成为苦闷中最大的慰藉，彷徨中最好的陪伴。

祖棻一生留下五百一十六首词作，其中近四百首作于抗战时期。飘零辗转，相思迢递，眺望乡关，国仇家恨，词中处处缠绕着对半壁江山和危亡时事的忧患，对伟大祖国的忠诚挚爱。重庆一日多次的大轰炸、衡阳保卫战的血腥惨烈、后方官僚的花天酒地、流亡百姓的妻离子散……她的词作是对中国人民特别是大后方人民抗战苦难的真实记录，这也是《涉江词》能够长期被历史认可的重要原因之一。清人赵翼曾感叹"国家不幸诗家幸，赋到沧桑句便工"，同千百年来中国文化史上的许多诗家一样，正是在国破家亡的背景之下，祖棻在作品中展现出一个中国知识分子应有的立场和良知。

千帆则在这八年中，不忘初衷发奋著书立说，立志为传承中华文化多做贡献。1943年，成都金陵大学为纪念建校五十五周年，出版了一本《金陵文摘》，汇集了1941—1942年间，本校各科老师所完成的学术著作和论文提要。

两年来（时间上稍有出入），千帆（程会昌）在目录学、国学、历史学等领域被收入《金陵文摘》的著述如下：

专著

《目录学丛考》（中华书局1939年2月，稿110面）

《校雠广义目录篇》（1941年6月，稿200面）

《杜诗书目考证》（1941年10月，稿400面）

《文学发凡》（1942年4月，稿200面）按：此书1943年由金陵大学印行。

《唐人年谱目》（与孙望合编，1942年10月完成）

《刘梦得年谱》（1942年12月完成，稿100面）

论文

《杂家名实辨证》（《斯文》第1卷第5期，1940年）

《清孙冯翼〈四库全书辑永乐大典本书目〉钞本跋》（《斯文》第1卷第6期，1940年）

《部颁中国文学系科目表平议》（《国文月刊》第10期，1941年）

《论今日大学中文系教学之蔽》（《国文月刊》第16期，1942年）

《言公通义》（《文哲季刊》第7卷第2期，1942年）

《略论文学之时义》（《斯文》第2卷第23期，1942年）

《温柔敦厚说》（1941年3月，稿30面）

《论文言的习作》（《文史杂志》）按：本文载《文史杂志》第5卷第1、2期合刊，1945年。

《少陵先生年谱考略》（1940年6月，稿20面）

《少陵先生文心论》（《文史杂志》第2卷）按：本文载《文史杂志》第5卷第1、2期合刊，1945年；又载《金陵大学文学院季刊》第2卷第2期，1937年。

《杜诗王原叔注辨伪》（《斯文》第2卷第4期，1941年）

《韩退之〈听颖师弹琴〉发微》（《斯文》第1卷第7期，1941年）

《玉溪诗〈离亭赋得折杨柳二首〉说》（《斯文》第1卷第13期，1941年）

《读〈宋诗精华录〉》（《斯文》第1卷第11期，1941年）

《读史运动与史地教育》（《斯文》第2卷第15期，1942年）

《黄山谷〈书摩崖碑后〉诗徵史》（1942年10月完成，稿25面）

　　以上所录，基本按《金陵文摘》排版形式，为阅读方便，稍有顺序调整，略加按语说明。原载文章分门别类，有重复者四，当是文章内容可同时归属两种类别。其中有两篇文章发表在《文史杂志》，系千帆在1942年已经完成并交稿，但直至第5卷（1945年）方才刊出。

　　千帆夫妇之所以能够不受外在物质生活的困扰，心中有高标时时鼓舞，始终视崇高为理想，乃是因为他们自幼受到的是士大夫眷怀家国、诗书传家的耳濡目染，求学期间聆听的是南雍名宿国学大师的正统教诲，而且在成长中自觉地将这些转化为精神的追求和力量。甚至面对个人生死，祖棻毅然决然选择"不欲留躯壳以损精神"。

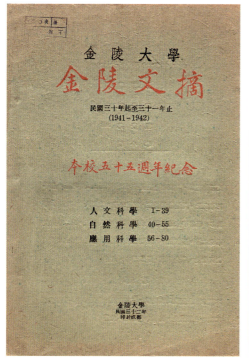 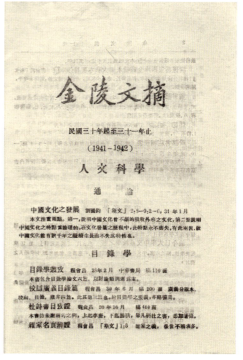

《金陵文摘》

1940年4月11日，祖棻在病中（即将腹部手术）上汪辟疆、汪东先生书（节选）：

　　曩在界石避警，每挟词稿与俱。一日，偶自问，设人与词稿分在二地，而二处必有一处遭劫，则宁愿人亡乎？词亡乎？初犹不能决，继则毅然愿人亡而词留也。此意难与俗人言，而吾师当能知之，故殊不欲留躯壳以损精神。此其一。且受业平生爱好，于一切事物皆然，为师友所深知，又安能为一躯体不全者苟活于世乎？此其二。因之此病治疗既不易，而受业复无意于此。家国残破，人民流离，生命草芥，原不足道。惟平生几人师友，数卷书帙，一束词稿，不能忘情耳。所遗恨者，一则但悲不见九州同；一则从寄庵师学词未成，如斯而已。与千帆结缡三载，未尝以患难贫贱为意。舍间亦颇拥资财，过于十万，受业未尝取一丝一粟，而千帆亦力拒通用。平居每以道德相勖勉，学问相切磋，夜分人静，灯下把卷，一文之会心，一字之推敲，其乐固有甚于画眉者。受业生平待人最宽，而律己至严，于出处进退，尤所不苟。每念今世政治之混乱，教育之腐败，其由虽多，而士大夫之不讲气节，实为主因，故平居亦自勉励，惟恐或失。尤严于义利之辨，家居以此自勉，在校以此教人，求能独善其身，而弗负师长教导之苦心也。千帆亦以道德自励，行动言谈，一丝不苟，孤介自好，刻苦自勉，尤过于受业，而好学深思，亦较胜也。虽受业有时或病其迂，而未尝不敬其志也。故我二人者，夫妇而兼良友，非仅儿女之私情。此方湖师所以许为不慕虚荣，寄庵师所以称为婚姻之正。

　　1945年所作《八声甘州》，痛悼投笔从戎、舍身赴义的学生叶万敏，序中有云：

　　叶生学成，服官湘中，芷江之战，捐躯殉国。英才灭耀，离而不愍。抚情追往，戚然终日。忆余鼓箧上庠，时值辽海之变，汪师寄庵每谆谆以民族大义相诰谕。卒业而还，天步尤艰，承乏讲席，亦莫敢不以此勉勖学者。十载偷生，常自恨未能执干戈，卫社稷，今乃得知门下尚有叶生其人者，不禁为之悲喜交萦。抑生平居温雅若处子，初不料其舍身赴义，视死如归也。

1947年3月24日，致学生卢兆显书（节选）：

尝与千帆论及古今第一流诗人（广义的）无不具有至崇高之人格，至伟大之胸襟，至纯洁之灵魂，至深挚之感情，眷怀家国，感慨兴衰，关心胞与，忘怀得丧，俯仰古今，流连光景，悲世事之无常，叹人生之多艰，识生死之大，深哀乐之情，为天地立心，为生民立命，夫然后有伟大之作品。其作品即其人格心灵情感之反映及表现，是为文学之本。

以上无论是向师长倾吐心声还是深切悼念英雄学生，抑或谆谆告诫门下弟子，无一不从文字间反映出夫妇二人高洁的品质，对理想的追求，对底线的坚守。

八年时光中，千帆、祖棻夫妇二人，各自在学术研究与文学创作的园地辛勤耕耘，收获斐然。抚今追昔，前贤们今日之地位成就绝非浪得虚名，乃是他们孜孜不倦恪守信念，不以贫贱移不以富贵淫，用一生的汗水心血及人格魅力所赢得的。

1942年夏天，千帆为了报答母校培育之恩，谢辞了武汉大学的续聘，来到金陵大学任教。金陵大学中文系主任高文写给时任金大校长陈裕光一封推荐信，从中可以看到对千帆学术成就的极力赞赏，随信还附有武汉大学校长王星拱写给千帆的挽留信，一并抄录如下：

景唐师座：

　　本校同学程会昌兄，入川以来四五年间，先后与汪辟疆、刘永济、朱光潜诸先生研究讨论，著有《校雠广义》、《文学批评史》、《文心雕龙详注》诸书，共四十万言，内容极为精彩，可以比埒古人巨作。此次应母校之聘，武汉大学校长王星拱先生再三挽留，而会昌兄认为服务母校义不容辞，毅然告绝。最后王校长勉允告假一年，并手书致惆怅之意。至其年来讲学，深得学生拥戴，即从王校长之书可以证明，不必更加赘述矣。肃此，恭请
馔安！

　　　　　　　　　　　　　　　　　　　　生高文谨上　　九月廿二日
　　附王校长书一纸

千帆先生惠鉴:

　　先生年来讲学，学生获益良多。兹以金大敦聘，未便强留，惆怅殊深。明年金大约满，仍希返校相助，不胜感祷之至。专此，祗颂

日安!

弟王星拱顿首　八月卅日

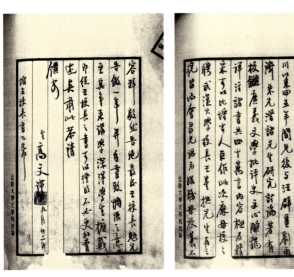

金陵大学中文系主任高文所写推荐信

武汉大学王星拱校长所写挽留信

卢兆显为祖棻师篆刻的藏书印"静好轩中长物"。卢兆显，昔日成都金陵大学中文系学生，正声诗词社第一批社员，才华出众而体弱多病，1947年秋，不幸因病英年早逝。这枚藏书印亦随同"静好轩"斋名，由千帆一同赠送张伯伟夫妇

"静好"一词出自《诗经》"琴瑟在御，莫不静好"。"静好轩"，原为祖棻所用轩名，1986年春分日，千帆将此斋名赠送高足张伯伟、曹虹伉俪，并为之题书

12

廿载钦名德
天涯得比邻

刘永济（1887—1966），字弘度，湖南新宁县人。著名的词人和学者。他治学谨严，博通精微，在现代词史和学术史上占有重要的地位，尤其对《楚辞》、《文心雕龙》及词学均有深度研究，取得了令海内外学者瞩目的成就。曾长期担任武汉大学文学院院长。"文革"中被迫害致死。

刘永济、黄惠君夫妇中年照

　　1911年，刘先生考入北京清华留美预备学校。当时的入学考试，人数十分有限，要求极为严格，可谓"得天下英才而育之"。入学不到一年，为声援对学校当局提出批评而遭开除的学生，刘先生等十名学生代表亦被校方一并开除。由于拒绝写"悔过书"，最终，他和吴芳吉二人无法恢复学籍，不得已放弃了官费留学的机会。1917年，刘先生来到长沙明德中学任教。次年，为协助昔日老师胡校长在危难中坚持办学，将自己预备出国留学的多年积蓄悉数投入学校开支。后来，因为经费困难，胡校长始终没有归还那三千元，刘先生也从未索要。只是出国学习林业，从事实业救国的愿望，再也无法实现了。阴错阳差，有着深厚传统家学，却一心向往科学救国的理科生，最终成就为一位中国古典文学大师。

　　刘先生年轻时曾向千帆的叔祖程颂万先生问学，与千帆家几代世交。因此，

刘永济词作书法

千帆在很年轻的时候就知道刘先生，读过他的著作，抗战期间一到乐山，千帆便去拜见刘先生，并把自己和祖棻的一些习作呈请批改。作为长辈，刘先生对千帆亦极为关心，两度推荐千帆到武汉大学任教，二人先后共事十四年。刘先生的人格和学术，都对千帆产生了很大影响。祖棻与刘先生亦常有诗词创作的交流。刘先生曾有《浣溪沙》一首赠千帆子苾伉俪：

> 鼙鼓声中喜遇君，硁硁头玉石巢孙，风流长忆涉江人。
> 画殿虫蛇怀羽扇，琴台蔓草见罗裙，吟情应似锦江春。

1941年秋，千帆在刘先生举荐下到乐山武汉大学任教，这是他第一次走上大学讲坛。刘先生长期担任武大文学院院长，在学校威望很高，但从来不轻易荐人。在武大十年间，就只介绍过刘毊龙先生（晚清经学大师王闿运的弟子），千帆是他介绍的第二个人。那时，千帆才二十八岁。刘先生怕他不能胜任，就悄悄

89

祖棻词作呈教
这些书信、词作，在刘先生逝世十多年后，由其女刘茂舒退回千帆保存

祖棻到成都后写给刘先生的信。信中所言"未能与世浮沉，同流合污，至遭忌害"，乃指当年成都金陵大学某些主事者，以平价与官价之差贪污教工食米，千帆、祖棻等愤而揭发，上书当局，反遭解聘一事

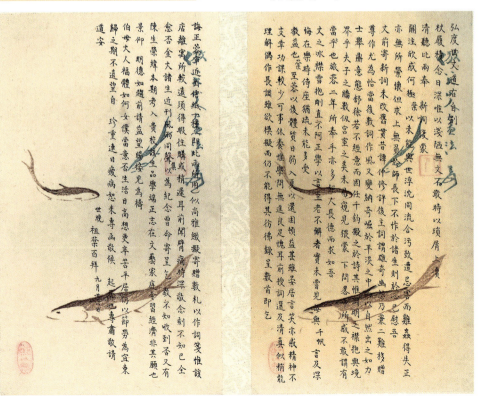

在课堂隔壁旁听了一个星期，才算放了心。这件事，一直到1948年，千帆已经是武大中文系的教授兼系主任了，刘师母才在闲谈中聊到，但刘先生却始终没有对千帆提起过。每当回想起刘先生对于后辈如此的提携、关爱，千帆都深受感动和鼓舞。

也正是这个秋天，千帆夫妇与刘先生在乐山嘉乐门外的学地头结为邻居，同住在一个小山丘上。千帆夫妇与钱歌川一家住在山顶，刘先生住在山腰，近邻还有朱光潜及陈西滢、凌叔华夫妇等。山顶至刘先生家相距不过百米，一条石级相连，小路旁有竹林翠影，山脚下有清溪浅流。每日清晨，刘先生昂扬顿挫的吟哦穿越晨曦薄雾，仿佛金钟长鸣，日日警醒着年轻的学子，令千帆夫妇对学业不敢有丝毫懈怠。刘先生的刻苦自律持续终生，到了晚年更是爱惜光阴，天还没有亮就起床工作，午餐后睡一觉，又工作到夜深。他说："我是把一天当作两天过，但还是恐怕'所为不及其所欲为'。"

国运维艰，生活清贫，学地头的乡村风光和琅琅书声带来了片刻的宁静。祖棻的词中留下了这样清新的描写："家住雪山西，转向斜桥过浅溪。山下瓜棚茅屋外，参差，一带牵牛短竹篱。　重叠树成围，石径回环翠湿衣。更逐闲云峰顶去，休迷，吠犬当门不掩扉。"千帆亦有诗记录与弘度丈结邻一事："廿载钦名德，天涯得比邻。通家三世旧，吟鬓百年身。儒术诚何用，兵戈岂不仁。殷勤问乡信，同是未归人。"

抗战胜利后，千帆第二次由刘先生举荐到武汉大学，并随校迁回武昌珞珈山。五十年代，两家有幸再度为邻，武大特二区有两排教师宿舍，刘先生家19号在前排，千帆家24号在后排，房屋结构一样，都是二层楼联排，一排十二户。十几年间，两家来往很多，千帆夫妇经常前往请教。刘先生也不耻下问，常将自己的词作精楷抄写送千帆夫妇征求意见，前后多达近百幅，刘先生还曾书写一副斋联相赠千帆共勉：

读常见书，做本分事；吃有菜饭，着可补衣。

可惜这些珍贵的文稿、手迹都在"文革"中毁于一旦。

由于坦率敢言的本性，刘先生在1957年被"内定右派分子"，1958年被"拔白旗"。"文革"开始，千帆一家被赶出特二区住宅，刘先生也成为"反动学

刘永济晚年照（大约在
1964年初）

术权威"，在重病中惨遭批斗，1966年10月2日含冤离
世。12月25日，刘先生的生日，正是西方人互赠礼物亲
情相聚的圣诞节，刘夫人黄惠君，北京女子高等师范学
校毕业生，曾任湖南省立第一女子师范学校校长，在这
一天决绝悬梁，追随先生而去。

1979年，武汉大学为刘先生平反，补开追悼会，千
帆没有收到正式通知，但听到这个消息以后，就借用陈
师道挽其老师曾巩诗中的两句"丘原无起日，江汉有东
流"，托人写了一副挽联送去，却被某些人以礼仪改革
为借口，拒绝悬挂。

1982年，千帆写下万余字的《刘永济传略》，发表
于《晋阳学刊》，高度评价了刘先生一生的道德文章，
同时终于有机会公开表达了最为深切的悼念之情。

13 诗人之赋丽以则

丽则一百天

丽则七个月

抗战胜利后，千帆夫妇随武汉大学从四川乐山迁居武昌珞珈山。

1947年12月，千帆夫妇怀着无比兴奋和激动的心情，期待着即将迎来婚后十年第一个孩子的出生。

祖棻是三十九岁的高龄产妇，著名产科专家高欣荣医生叮嘱她一定要来大医院生产。不幸的是，当时交通极为不便，武昌、汉口尚有长江天堑阻隔，尤其珞珈山更远离市区。祖棻夜晚发作之时，无任何交通工具可用，无奈之下只得到武

1948年夏天，摄于武大东中区住宅前，一次十分难得随性表现的留影。左起：大妹妹程夕佳、祖棻抱着丽则，千帆抱着家中可爱的猫咪"乌云盖雪"

大附属医院，由一名姓陈的庸医接生，她硬将可能的顺产说成难产，不仅剖腹，还将一块相当厚的手术纱布缝留在腹腔内，造成重大医疗事故。

手术后，祖棻伤痛久不能愈，在汉口做过两次手术，住院很长时间，由于不知道有手术纱布留在腹中，所以没能解决问题。1948年的深秋，不得已来到上海中美医院（前身为1900年由德国人创办的"宝隆医院"）求医，幸遇留德博士、医术精湛的青年教授裘法祖，得以准确判断并主刀。先后动了两次大手术，直到1949年夏天才返回珞珈山休养。1949年底，因伤口炎症反复发作，再次到中美医院手术。前后历时两年，共计大小五次手术，才将已经在腹中磨烂了的纱布取出，线头陆续清除，坏死的肠子截除一尺多，余下的也是伤痕累累。九死得以一生，从此留下了严重的肠粘连后遗症，一生与病痛相随行。

事后得知，武大附属医院的陈某本是一助产士，因其丈夫乃医院当权者，有意提携给她更多手术机会，导致"草菅人命"。千帆夫妇当然要打官司，但武大当局以及同仁都出面调停，力主拿了赔偿费看病救命要紧，千帆夫妇一无后台二无钱财，申诉状告时日漫长，也只好接受调停拿钱救命。这件大事故以及导致的严重后果，全武大无人不知无人不晓，以至于在后来的"文革"风暴中，几乎人人都要去沙洋"五七干校"劳动改造，祖棻因身体原因尚能幸免，留在校内学习文件、打扫厕所、看守门户。

在祖棻遭难后，武大医院又出过一次更为严重的大事故，一位国民党军官的夫人在生产中，由于陈某的错误操作，产妇不幸去世。军官带领士兵包围了医院，要求偿命，闹得沸沸扬扬。最后更是多方斡旋大力赔偿，才得以平息。

祖棻两次到上海求医，得到了堂兄沈楷亭夫妇及其子女的大力相助，手术前后都长期居住在他们家中。那时候，堂嫂已经皈依道教，十分虔诚，不仅自己食素，而且家中也不许沾染荤腥，堂兄和子女只能在外面"偷食"。在上海期间，一岁多的丽则因为出麻疹引发肺炎，按照医生要求，千帆为女儿输了血。事后，堂嫂居然立即吩咐在家中开荤，余猪肝汤等，为千帆滋补。

1949 年 8 月，千帆抱着一岁八个月的女儿在武汉大学特二区家门口

丽则三岁半，摄于 1951 年 6 月 8 日，端午节前一日

在与病魔生死搏斗之中，祖菜表现出了一个柔弱女子的超强意志力，母爱支撑着她的坚定信念："一定要活下去！要看到女儿长大，不能让囡囡从小没有妈妈。"

五十年代，上海中美医院改名为同济医院，为了支援大武汉又整体搬迁到了汉口。祖菜曾经前去探望恩人裘法祖，向他表示感谢，并询问如何能够更快地恢复健康，裘医生笑曰："你现在能够站在我的面前就已经是奇迹。"当年在医学落后的中国，若非是去了上海遇到了裘法祖，真的是生死难卜。裘法祖后来成为我国著名医学家，中国现代外科学的奠基人之一，中国科学院资深院士。

难产中降生的女儿成为千帆夫妇珍爱的唯一孩子，他们为她取名丽则，取自西汉扬雄的《法言》"诗人之赋丽以则"，意为美丽而有规则。为取到这么个好名字，夫妇两人着实高兴了许久。并为其取小名"婉"，寓意婉转美好。

14 盛世难逢 青春可再

1953年，苏州江苏师范学院中文系第一届毕业班师生合影

任课教师，中排左起：于满川（左三）、徐铭延（左五）、朱彤（左六）、廖序东（左七）、沈祖棻（左八）、沈祖棻之女程丽则（右四）、张拱贵之子张东光（右三）、张拱贵（右二）

1949年，千帆夫妇和全国人民一样，满怀喜悦迎来了气象万千的新中国。

在十多年的离乱和异乡生涯后，1952年秋，祖棻由诗人、学者吴奔星推荐，受江苏师范学院的聘请，回到了她自小熟悉、日思梦想的江南水乡苏州城。在新中国一片欣欣向荣的气象中重返教师岗位，她喜悦的心情可想而知。

江苏师范学院前身为著名的东吴大学，八十年代改名为苏州大学。坐落在苏州天赐庄，紧傍京杭大运河，依着一段古城墙，后门有小桥流水。

在江苏师院的三年，祖棻工作严谨踏实，讲课生动活泼，不仅在教学上取得了优秀的成绩，而且结交了同事凌景埏、徐铭延、杨白桦和邻居陆钦轼等好友，常常在一起谈诗论文，吹笛唱曲。

1953 年 5 月 10 日，母女合影于苏州米高梅照相馆

1955 年 2 月 8 日，千帆父女苏州合影

98

1953年9月13日，千帆一家人到上海探亲时的合影

　　后来因全国院系调整，江苏师院中文系的同事们一同合并到南京师范学院，有的还成为邻居。彼此相处融洽，友谊深厚，祖棻的诗中经常会出现他们的身影。

　　现在看来，历史的误会何止万千，悠久的东吴大学（江苏师院的前身），就这样失去了基础深厚、人才济济的国学重镇，至于招兵买马重开张则是多少年以后的事了。

　　逢周日，祖棻带着女儿不是到观前街看戏、听说书、看儿童电影，就是到堂兄沈楷亭或表妹梁明漪家中去玩，有时也和楷亭及他的一些文友到茶馆喝茶。春日则到无锡、扬州等地踏青。

　　每天傍晚，祖棻总是牵着女儿的小手，漫步在校园里、运河边，一路欢声笑语。祖棻缺乏文艺天分，既不善歌亦不能舞，但在苏州那些无比舒心的日子里，她与女儿散步时，总是不由自主地哼着莫名小曲自娱自乐。寒暑假日，千帆多来苏州团聚，带着女儿游公园看电影。有一次父女二人去攀登大运河一侧的老城墙，在城墙上挖得一株小小的薜荔，带回来栽种在窗下，精心呵护。祖棻离开苏州后，搬来了新主人，他们挖掉了勃勃生长的薜荔，为此，邻居陆钦轼还在来信中专门谈到此事。

1955年1月，丽则与大朋友——凌景埏的女儿凌萍萍合影

当时，丽则尚在幼儿园，祖棻同事凌景埏的女儿萍萍已在南京大学生物系读书，两家走动甚勤。萍萍大姐性情敦厚，不嫌丽则年幼无知，假期回来经常带她玩耍，多次合影留念。尽管凌先生、祖棻先后去世，但千帆重返金陵后，继续与凌家往来，丽则与萍萍更是延续着这份情谊，保持着六十年间彼此的问候。

武汉大学图书馆古籍库有一部清人余治编的《庶几堂今乐》，为清光绪六年（1880）刻本。该书曾为残本，它们得以成为完璧，全赖千帆1954年暑期在苏州的访书和求书。千帆在该书封面上的题识中对其发现过程交待十分明白。第一次题："一九五四年夏访书吴门，以两残本相配，独缺四种，俟更求之。"第二次题："景埏先生所蓄亦一孤本，闻余所得未全，遂慨然举赠，卒成完书，为可感也。七月十八日复题。"可知此部《庶几堂今乐》由三部残本配补而成，其中千帆购得两部，凌景埏赠送一部。这种变残为全的书籍配补，眼力、机缘缺一不

五十年代，凌景埏摄于南师校园

千帆昔日藏书《庶几堂今乐》（清光绪六年刻本），封面上分两次记录了得书过程

可，还须书友忍痛割爱，实属不易也。

无论祖棻还是千帆，都十分感念旧情。八十年代，千帆推荐帮助凌景埏的女婿谢伯阳调入南大中文系，一直十分关照，还曾书写一幅长卷相赠，这也是千帆书写的唯一一幅清曲，被有识之士评价为千帆书写的少量长卷中之最佳。

原江苏师院校园美丽，此为保存的东吴大学时期老建筑

虽然谢伯阳后来因为发生婚变成了"前女婿"，但是老一辈的这些感人交往还是值得我们欣赏和赞叹。

1955年夏天，祖棻因高校合并来到南京，不仅有同行的江苏师院老朋友，更结识了南京师院的新同事。当时祖棻母女入住南师对面一条小路深处的北东瓜市13号，新建楼房102室。对门是教育系的方老师和她的父母，丽则称呼方老师的爸爸为"方公公"，估计当时也有六十多岁了，是一个非常有趣的老人，对小朋友十分友爱，因此丽则也经常"串门"。方公公家世显赫，据说公私合营前是上海"正广和汽水"的中方老板。"正广和汽水"大名鼎鼎，由英商广和洋行于1864年创办于上海，曾经是国内最早、最大的专业饮料工厂之一。方公公虽然当过大老板，为人却十分谦和，有时家中保姆因故发火，他总是笑嘻嘻地赔小心。六十年代，他们迁居南京傅厚岗4号。1968年夏天，丽则独自东游，前去探望，只见房间特别高大敞亮，觉得奇怪，被告知乃昔日徐悲鸿的画室是也。方公公性情豁达，十分注重锻炼和保养，每日必到五台山打羽毛球打太极拳。在八九十年代，他是南京著名的百岁老人。

北东瓜市12号与13号，一条小路相隔，各有一栋南师教工宿舍楼，记得张拱贵、赵国璋、金启华等中文系同事，都是邻居，彼此往来甚勤。13号院子很大，当时只有一栋楼房，旁边连着前面是一座缓缓的小山坡。不知为什么，学校就把这一面山坡分给大家种菜。我们哪里会种菜？于是发放干蚕豆作为种子。头年秋天下种，孕育一个冬天，春天就长出了嫩芽，蚕豆真是好伺候，开始浇点水，长出苗来，基本靠天吃饭。春天，蚕豆苗绿油油，蚕豆花紫盈盈，满山坡长势喜人煞是好看。初夏，荚里的豆粒又嫩又甜，小朋友们蠢蠢欲动，时不时结伴去偷吃生蚕豆。可是吃谁家的好呢？这可是个问题，大家的眼光齐刷刷看准了赵国璋家的地，因为赵家的爷爷是个农民，又有人说是地主，反正特别能与土地打交道，除了分配的土地，赵爷爷还开荒一大片，统统种上了蚕豆。就偷他家的！就连赵家小朋友也无异议。方公公在向南的窗下种了一小片蚕豆，也是我们偶尔光顾之处。豆荚饱满了，每一家都心满意足吃到了最新鲜的当季果实！

还发生过一件事情，虽然有惊无险，回想总是不免后怕，须得一记。北东瓜市的住宅大家一样，每户都是三室一厨一卫一个小走廊。可能是为了迎接江苏师院教师的到来，赶工期造出来的新楼显然比较"豆腐渣"，祖棻母女住的三间房，不到一年时间，天花板先后坠落。第一次是书房，那天夜深，祖棻备课结束，离开不久，一声巨响，天花板垮了；第二次是客厅，某个中午，祖棻从书房出来刚刚穿过客厅，又一声巨响，天花板垮了；第三次自然就是卧室，1956年8月下旬，祖棻母女从庐山回来，只见卧室一片狼藉，天花板又垮了。

越調小桃紅 商山寺弔陳圓圓墓

何金坦書宋元花昆明此門外商山
寺廢址亂冢中尋得陳圓圓墓碑
文漫滅祇大戒比丘尼五字可辨尋
詁六不歇江南有字香紅妝一例纍
興也我來憑弔空惆悵蔓草荒煙
戊夕陽郎用其韻
越調過曲小桃紅便賸了一坏香土閱興
亡已折却和慈萱也海雲東堂麻姑何
事又栽桑壘恨香雜量邪裏有度金
優薆仁王袛落得慘紅羊巧布修羅
綑此痛南朝金粉惆傷卻速目寄遙
天睍喜文弔紅妝下山兜朵雲遠隆
互庄撫碑凝想寺堂明餘山姓高歎淫
滇海空航水部高靈喝三華邪方戒比
事吳不算乘徐治清也亡碧洛殘魂漾
春吳黑陽天何頒厚井燕支悲孔張
訪賸叢蕙址展觀賞狐跳蟻壞土
五韵吳買秋心攜春釀呼朋背郭閥共
花鮋殘碑幽嬌良傾園掩便房帮的
有殘礎重鍂寶衣露幌五般宜當日
個下長秋迎去來戰傷蹄燕小占高

千帆书赠谢伯阳长卷

在金陵这块宝地，祖棻不仅与新老同事都相处极为愉快，还有着徐复、孙望、吴白匋、曾昭燏、柳定生这些学生时代的故旧老友，休息日，她会带着女儿去孙望家或者杨白桦家，还一起参加系里组织的春游扬州。甚至将女儿委托邻居照顾，与同事结伴去苏州观戏两日。

这四年是一段十分快乐的时光，令祖棻母女在后来的日子里常常怀想。祖棻曾有诗寄徐铭延、杨白桦，表达了对江南的无限情意：

人生只合住吴城，片石丛花俱有情。除却梦窗知此意，徐公杨子共愁絮。

1956年国庆，祖棻在南京观灯有感：

星月交辉，霓虹呈彩。明珠错落灯如海。倾城士女涌春潮，轻雷转处飞车盖。
盛世难逢，青春可再。廿年回首愁何在？良宵欢意溢秋空，不辞白发花重戴。

103

另有1957年秋，在武汉所写《浪淘沙·题长江大桥》：

横渡大江中，愁水愁风。忽惊破浪夺神工。一道长虹飞两岸，桥影临空。
形胜古今同，三镇当冲。莫凭往事吊遗踪。平却向来天堑险，多少英雄。

词为心声，这正是他们以及广大知识分子当时心情的真实写照。

千帆不仅在教学、科研上更加奋发努力，同时也努力学习马克思主义理论，积极参加社会活动，担任过武大中文系主任，及武汉市文联、文代会、九三学社里的一定职务。1955年3月6日，他与唐长孺等九位高级知识分子出席了九三学社中央直属武汉小组的成立大会。他还多次赴北京开会，到外地参观，受到国家领导人毛泽东、刘少奇、周恩来等接见。参加过土改工作队、中国人民志愿军慰问团赴朝慰问等。

作为女儿，最高兴的是爸爸托同去北京开会的友人带到苏州的礼物。有过满满一藤篮食品，北京的茯苓饼、萨其马、水晶山楂糕、琥珀核桃等等，这些在当时的南方可不多见。另外千帆还给女儿买过织锦小包、檀香扇、琉璃小动物以及骨制项链等北京工艺品，这些寄托了情感的珍贵的纪念品至今仍被丽则所珍藏。

2017年国庆期间，丽则与凌萍萍、谢翀母女合影。三个月后，萍萍大姐因病离世

15 飘零旧迹落谁边

到武汉大学几年后，千帆夫妇由原来的东中区搬到特二区24号。1956年秋，祖棻调回武汉大学，不久千帆的父母携三个妹妹也搬了过来，八口之家在那里一直住到1966年。

那是一排两层楼的房子，住有十二户人家，每家有上下四间房间，一座小天井和厨房、厕所。住的都是武大的教授。门前有株株的桃树和圈圈的冬青，春天里抬眼望去，一排桃树鲜花盛开，仿佛一抹晚霞映红了天空。

丽则在这里度过了十年儿童和少年时光，她在1997年写过一篇散文《白云黄鹤是故乡》，其中有这样一段："难忘珞珈山春风漫漫，家门前有一树桃花灿烂，花下的足印从

1958年春节，千帆的大妹妹即将远嫁东北，家人在武汉长江大桥下合影。左起：千帆的大妹程夕佳、继母洪瑛、小妹程小佳、女儿程丽则、二妹程晴佳、父亲程穆庵。当时，祖棻生病住院，千帆亦未同行

1966 年 3 月 25 日，母女合影于武大特二区 24 号家门口。当时丽则正在华中师院第二附中的中专班就读，故诗中有"初试工装"句

童年渐渐长大。1966年的春天，犹如神灵的暗示，我和妈妈下了决心，去照相馆请来摄影师，为我们母女留下了唯一的花下合影，不久，全家人就被迫离开了那栋熟悉的老房子。"祖棻当年亦有诗云：

人影花光春正妍，飘零旧迹落谁边？
喜看娇女红颜好，不向东风叹逝川。

不将人面比花妍，初试工装色泽鲜。
好把拈针挥翰手，铸成铁柱挂新天。

诗有小序曰："丙午春，珞珈山寓庐碧桃盛开，辄与丽儿留影其下。因忆昔尝于白门明孝陵梅花下摄影一帧，乱中失去，今三十年矣，感赋小诗。"

"乱中失去"的"飘零旧迹"，在"感赋小诗"四十多年之后，人面桃花的旧照又重现江湖，原来它一直静静地珍藏在老同学孙望的毕业纪念册里。当丽则在孙望的女儿孙原靖处，偶然之中目睹旧物时，真不胜唏嘘，斯人早已仙去，连千帆也辞世十年了。

2006年3月，丽则到武汉探亲访友，26日专程到武大特二区看望故居，自举家搬离，四十年矣，人事皆非。老房子早已破败不堪，正面临拆除，尚有少数人员居住，没想到24号里就有人，丽则前去探访，更没想到，里面居住的竟是武大中文系老熟人苏者聪老师的儿子一家。承其儿媳张瑞瑞接待，丽则进到屋内小坐，回首前尘，何其不堪。也意外得知，1966年，千帆一家被赶走后，张瑞瑞父母一家就搬了进来（一套房子分配给了两家人居住），当时她只有六岁，却还记得："我见过两位老人，都很和气，你们搬走以后，有些小东西存在我们家，不时地过来取一点。我妈妈说，你们送给我家一些家具，有些还用了很长时间。"五天后，直到拆房的最后期限——2006年3月31日，张瑞瑞才搬走。丽则已经搬离了整整四十年，张瑞瑞在那里住了整整四十年，她们同样对24号有着一份深深

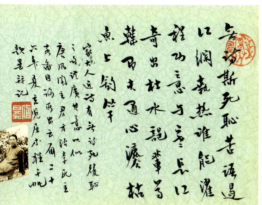

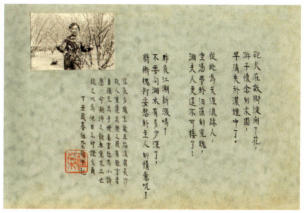

千帆夫妇当年分别为孙望毕业纪念册的题赠。千帆题赠时间为1937年夏，正是孙望毕业之时，祖棻题赠时间是1937年岁末，则已是逃难途中，流落长沙期间了，难怪会留下"乱中失去"的记忆

此即"昔尝于白门明孝陵梅花下摄影一帧"失而复得

107

故居面临拆除，第二个门就是特二区 24 号的后门

左边前后两幢为老二区，右边前后两幢为特二区，房子之间的巷道与空间是丽则与小朋友们上学、玩耍的必经之处

2006 年 3 月，当年"商业区"中硕果仅存的武大老邮局。千帆夫妇一生中大量的书信、诗词、文稿都是从这里发往各地的。2011 年 4 月，丽则再度到武大时，老邮局也终于消失在一片废墟之中了

的眷恋。4 月 1 日，在推土机的轰鸣声中，旧居顿成瓦砾一片。

武汉大学二区教工宿舍包括老二区两幢，特二区两幢，新二区四幢，基本是教授住宅区域，因此那一带也是武大的一个主要的"商业区"。有菜场、食品店、杂货铺、油条烧饼店，还有银行、书店、邮局，以及理发店、食堂、缝纫组、车队。随着改革开放的进程，均已不复存在了。

当年云集这片住宅区的主人，有许多是满腹经纶、学富五车的旧学士，有许多是怀着赤子之心归来的洋博士，有许多在各自的研究领域中翘楚一方，还有许

多在一个短短的夏季之后，就为自己的天真和热情付出了沉重的代价。

丽则不会忘记，左邻是生物学家何定杰，一位大胡子爷爷，老夫妻很喜欢小孩子。有一次，何爷爷带回家一只猴子，就叫丽则去看，谁知这泼猴一见面就扑将上来，吓得丽则哇哇大哭，后来分析说是因为丽则穿了一件红衣裳。右舍有化学家钟兴厚，他家有四子一女，颇为热闹，其女儿是丽则童年的好玩伴。邻居们还有老夫子席鲁思，函数论专家路见可，经济学家李崇淮、谭崇台，"中国图书馆学之父"沈祖荣。而前排的邻居则有中文系的刘永

"反右"之后，千帆失去工作的权利。1958年5月，在发配湖北蕲春劳动前夕，与女儿合影。父亲心事重重，不舍依依，女儿却懵懵懂懂，依然欢喜

1963年8月，全家合影

济、胡国瑞、李格非，经济学家、中国管理科学化的先驱杨端六及其夫人、著名的"珞珈三女杰"之一袁昌英，法学家燕树堂，等等。在史无前例的巨浪中，他们有人被彻底吞没，有人熬到了光华重现。轻轻翻动"百度词条"，清晰可见他们在崎岖路上奋斗的足迹。

如今，他们和那些老建筑一样渐渐消失了。可是，就是因为他们的曾经存在，草木葱茏的珞珈山才如此厚重又如此耀眼。

1966年3月18日,全家合影,千帆在背面写下"将赴襄阳"。这张照片是自1957年以来,千帆留影中难得的展颜欢笑,其他照片不是双唇紧闭就是勉为其难的"苦笑"（祖棻语）。三年困难时期结束,"调整、巩固、充实、提高"的政策给全国带来一片欣欣向荣,"希望"由心而生

吴志达教授回忆:1956年秋天,他作为千帆招收的第一批研究生,从北京师范大学来到了武汉大学,不久,祖棻先生也从南京师院调来武大。中文系领导为了祝贺程先生阖家团聚,在校行政大楼第一会议室召开了教师及研究生联欢会。吴志达得以一睹当年浓郁的学术氛围和人情味。"五老八中"的刘永济、刘博平、席鲁思、黄耀先诸老,以及袁昌英、毕奂午、刘绶松、周大璞、李健章、胡国瑞、周光午、张月超、潘耀瑔、傅铭第、李格非等中年教师,还有风华正茂、头角崭露的青年教师齐聚一堂。开会时由弘老（刘永济）、博老（刘博平）二位泰斗率先发言,会上程先生声情并茂,即席吟诵了沈先生的词作《水龙吟》"几年尘箧重开"。全场气氛和谐欢快,温馨融洽。散会时,请"五老"先行,然后按照中、青之序鱼贯而出,彬彬有礼。吴志达回首当年盛事,恍然如在眼前。岂料一年之后,风云突变。

16 几家山畔住
零落不成村

1949年以后，知识分子经历了批判胡风、"反右"等运动，他们始终努力紧跟，不断调整自己，直到明白了应该学会如何生存。

1957年的阴影不曾散去，十年后又袭来"文化大革命"的暴风骤雨。

1966年秋天，千帆一家被赶到珞珈山荒凉一隅。"勒令"三天内搬离，不允许任何人帮忙，当然在运动的高潮中也不可能有人帮忙。好不容易借来一辆板车，劳动力只有三人，五十三岁的千帆，小妹妹小佳、女儿丽则，拖着堆满各类家什的板车，平时就要步行二三十分钟的路程此时显得格外漫长。首先就要上一个又长又陡的高坡，最后还要下一个更长更陡的大坡，一天往返数趟。千帆掌控载重板车的能力显然不够，两个女娇娃推车的力气更是捉襟见肘，一路上，人车歪歪倒倒，还要遭受小孩的嘲笑谩骂和路人的侧目指点。所幸，千帆的二妹夫叶连生在第二天及时赶到，这个在农村长大的小伙子让狼狈不堪的一家人顿时松了一口气。搬迁处的居住面积不到原来的二分之一，很多东西来不及细思就要统统抛弃，甚至送出都无人敢收。因此也就有不少东西，包括十来个大大小小的四川泡菜坛就留在了原处，后来我们也曾取回几个，更多的被邻居和新住户开心地使用。"文革"开始，抄家之风盛行，千帆家里自然也逃不掉，红卫兵小将翻箱倒柜，抄走了千帆的手稿、书信、部分家藏的字画，还有1953年千帆参加赴朝鲜慰问团时带回来的一些纪念品，如中国人民志愿军、朝鲜人民军的纪念章，还有朝鲜作家赠送的诗文手稿等，同时楼上书房一面墙的书架都被红卫兵贴上了封条。楼上两间房被分给了车队司机边师傅家居住，两三年之后，经向校"革委会"申

1972年9月，丽则婚后家人合影

请，千帆把藏书陆续运回九区，所幸大部分书籍都还在，只损失了少量话本小说和通俗读物。

新居位于武大下九区的一排简陋平房，曾经是五十年代苏联专家专用小车的几间车库，以及小车司机的临时住宿，后重新间隔，成为不规范的住宅。邻近小渔村，紧依山脚，面临东湖。虽然风光无限，但交通不便，采买困难。开始甚至家中不通自来水，要到平房顶头唯一的自来水龙头下接水挑水，到湖边浣洗床单被套。住所更是不仅简陋而且十分潮湿，常有蜈蚣、老鼠横行，正如祖棻诗中所述："挑水晨炊饭，临湖晓浣衣"、"青蝇飞蔽碗，雄虺卧当门"。夜深人静，经常能听到天花板上的老鼠成群结队来回奔跑，一阵轰隆隆一阵哗啦啦，还在房中东窜西跳，偶尔成功毒死的老鼠，都是硕鼠，连头带尾长达一尺有余，能不触目惊心？

当年的邻家小少年牛儿刚刚小学毕业，五十多年后，他依然清晰地记得第一次见到千帆的场景：远处走来一个老头，穿着蓝色的中山装，右手提着一只蜂窝煤炉，左手拿着一柄铁锹（亦或一长柄扫帚），径直走到他家的隔壁来看房子。"第二天，你们就搬来了。"

新家离学校中心很远，运动开始，祖棻经常要到学校参加学习或开会，单程需走四五十分钟，有时清晨就出门，有时开完大会回来已夜深，真是"湖山何暇赏，朝会及时奔。踏雪天方晓，迎凉日已昏"。搬家初期，道路不熟，又没有路灯，一次在风狂雨大之中，祖棻竟迷路了，多走了许多路，才转回家来。此事有诗为证：

忆昔移居日，山空少四邻。道途绝灯火，蛇蝮伏荆榛。

昏夜寂如死，暗林疑有人。中宵归路远，只影往来频。

　　新居途未熟，微径记朦胧。衣湿倾盆雨，伞飞卷地风。

　　惊雷山亦震，横潦路难通。举首知家近，残灯一点红。

　　当时物资匮乏，供应紧张，凡事凭票，生活困难，有钱也买不到东西。祖棻又有诗记录："早市争喧肩背摩，新蔬侵晓已无多。旗亭索胲纵横队，山路舆薪上下坡。"花半个小时走到菜场，空手而归不足为怪，想吃稍好一点的豆沙包，要乘公交车起点到终点再换轮渡过长江，两头走许多路，费时两小时方能到达汉口冠生园购得。过春节，鱼、肉、蛋、豆制品、黑木耳、金针菜、白糖、酱油均需凭票排长队购买，早出午归，也只买得两三样回来。1976年1月8日祖棻给施蛰存的信中写道："新年供应，合家有排骨二斤，鱼二斤，惟蔬菜全无，幸儿辈在郊区得萝卜数斤（二角一斤）耳。商店副食品全无，酱油亦无，水果糖限每人两角……"因此，千帆的小妹程小佳夫妇从汉口过来看望兄嫂，豆沙包就是最好的

1975年3月17日，全家携外孙女早早摄于武汉东湖风景区

1976年12月2日，孙望之子孙原安的同事出差武汉，受托前来探望，并为全家人摄影于武大九区住宅附近的东湖堤上小石桥

113

礼物；二妹程晴佳住在黄陂县滠口镇，偶然带来两条鱼，那简直令人喜出望外。

更有暴雨激流可能顺坡而下，屋后山上的劣质大水管时而爆裂，顷刻之间大水从后面厨房门汹涌而入，经房间又从前门恣意冲出，家中顿成泽国一片。每到春夏雨季，特别是天气预报"大雨、暴雨"的时候，全家就提心吊胆。女婿张威克必然利用休息日或者倒班时间，对厨房门外的土沟进行挖掘修整加固，有时邻家小弟牛儿也来相助，甚至还会请来厂里要好的二三工友一起来干活，可见远不是老弱病残能对付的。

附近渔村的顽劣儿童也"深谙"以阶级斗争为纲，经常捣乱起哄，飞石剪绳，砸门敲窗，让人无法安宁。对着千帆的继母高呼"地主婆"，有事无事来到家门口大呼小叫，各种挑衅。有一次，还企图夺走家中的自行车，丽则忍无可忍，与之隔纱门对峙，舌战一众无赖小儿，最终保住了私人财产。丽则生了早早后在家中"坐月子"，顽童们终日在外吵闹，无法好好休息，张威克劝说无效，与之发生冲突，引发小儿家长参与，几乎酿成一场斗殴，幸有渔村中明事理的好邻居出面调停方才平息。凡事种种正如祖棻诗中所记：

> 初到经风雨，从容未识愁。忽闻山泻瀑，顿讶榻如舟。
> 注屋盆争泼，冲门水乱流。安眠能几夜，卑湿历春秋。
>
> 客子常多畏，群儿来近村。怒哗朝绕户，飞石夜敲门。
> 斫树崩檐瓦，偷绳堕曝裈。秋风茅屋感，难共杜公论。

1973年始，祖棻与四川老学生王淡芳时有通信，彼此关切，叙说家常。且摘录祖棻信中的部分段落如下，当时生活之艰难可见一斑：

屋后高山，每大雨冲下，水易进屋，又近安装水管，经常爆炸，大水成灾……据报今天中雨，明天大雨，水必进屋，忧心不已。（1973.06.16）

大雨雷暴，时刻有水进屋内之势，虽经小婿屡次修挖，因工程浩大，一时未能恢复，近又多雨，且时有雷阵暴雨，日夜防水，眠食不安；有时且需将后门口积水倾至前门小沟，并填泥垒石，抵挡一阵。（1973.07.15）

天气渐热，更多不便。加之屋漏成河，沟水浸漫；蚊蝇鼠患，均非常状，更

多烦扰。（1976.07.01）

极潮霉，床棚白花，布鞋放床下一周，则生白绿厚霉。米、面须每一二日吹晒，仍霉蛀，地尽湿，人之多病，亦其宜也。尚时恐山雨或水管爆炸，泛滥成河也。（1976.07.13）

生事艰难，惟日忙三餐，夜图一宿，人生至此，又有何意义可言。尝戏言近过猪的生活，惟吃饱睡足耳。且即过最庸俗之生活，亦不易得，衣食住行，无一不难。聊举几例：菜年老畏寒，拟缝制新棉袄裤，三年未成；千帆拟买两份每月凭票配给豆渣所做之豆腐干，出外五次购买不得；每年难得至汉口一二次，日前因事至汉，千帆及早早均未看过熊猫，全家拟至公园一游，而换车连丽则亦无法挤上。倒回至起点站搭车，等至六部，始因司机熟人来乘车，照规章停，而得挤上。故日常生活亦费时费力不少。（1976.12.11）

近来供应日缺，即煤柴不但量少质坏，买运困难，且至无法买运。如一月份定量分配煤，千帆连跑五六次，排班站队，连煤条亦未能领到，更无论取煤托运。后由邻人托其单位设法借车，蒙其顺便运来，大半煤屑，尚须自做煤球也。近来忙于生活琐事，千帆日奔走于外，菜则操劳于内，盖一物难求，三餐不易，拙作纪实，可见一斑。但情况不断变化，诗中之蔬菜无多，已变为市场绝迹；舆薪上下坡，已变为无法买运；豚蹄斗酒，亦属有名无实矣。（1977年，农历一月五日夜十一时半）

时光流逝，"坏小孩"的兴趣重点转移，他们开始跟着家长在"割资本主义尾巴"的日子里违规捕鱼，"敲门"往往不再是捣乱而是售鱼。作为"邻居"，他们会在第一时间来到千帆家。无论是在白天还是到了晚上八九点钟，看着小孩祈求的双眼，祖菜总是一概买下，没有冰箱，炉火也已经熄灭，那就先腌制起来。

武汉大学下九区 30 号故居（右边第二个门及两扇窗户）

因此，有两年，家里时而能吃到两三斤重的大鳜鱼大白鱼，还有活蹦乱跳的小湖虾。

苦难中也有欢乐的场景。记得有一年除夕日，千帆与女儿到武大商业区排队购买年货，凭着三人的鱼票，丽则选购了一条三斤重的金红色鲤鱼。回到家中，正好不久前因地下水管爆炸，家门前被炸出了一个澡盆大小的水坑，因为春节无人修缮，坑里储满自来水。于是，丽则忽发奇想，就将这条鱼临时放进了水坑，引发了邻居张婆婆的兴趣，她也将自家买的一条黑色鲤鱼放进来，顿时，一红一黑两尾大鱼交错戏水，优哉游哉，引得大家纷纷前来观赏。

1970年以后，家里经常养鸡。春天在卖鸡人的挑担上挑选一元钱五只的小鸡娃，买个十只二十只，养在木条箱子里，黄的黑的花的，毛茸茸喜萌萌。大了一点就每天早上放出去，黄昏时分赶进来。千帆用一只口哨训练它们，喂食进笼一律听令，只听哨声响起，小鸡们就从各自玩耍觅食之处飞奔而来，心里很有成就感。根据劳动中放牧养鸡的经验，千帆给它们喂适量的土霉素防止发生鸡瘟，后来我们还设法购买鸡瘟疫苗进行注射。小鸡慢慢长大，依然听令行事。小公鸡陆续变成了一盘盘炒仔鸡，小母鸡也逐渐到了生蛋的年龄，千帆会在小本本上记录每只母鸡的贡献。1974年3月的一天，突发鸡瘟，当时千帆在沙洋干校，威克在工厂上班，丽则尚在"月子"里休息，一上午眼看两只母鸡奄奄一息，祖菜束手无策，丽则不得不奋起下床手起刀落，据说瘟鸡在死亡前放血处理后，其肉是可以食用的。何况在物资严重匮乏的年代里，人们对食物更是倍加珍惜。

千帆在放牧中学会了为牛治病为牛接生，上山采集草药"王不留行"熬汤，为母牛活血下奶。他写诗赞美饲养过的一头破角老黄牯："自我来沙洋，牧牛几五年。所牧六十余，驯劣互争妍。中有老黄牯，特出居群先。"诗中描述了老黄牯一生的种种优良德行，哀叹老黄牯在寒冬中的生命垂危，诗中最后四句："迅翁咏甘牛，名言著遗篇。破角诚可师，吾曹当勉旃。"将孺子牛老黄牯作为对自己，一个属牛老人的鞭策。

1971年底，千帆在沙洋干校种菜放牧，恰逢两头大牛"一言不合"打将起来，他虽然已经牧牛多年，却依然一介书生不知轻重，竟然敢奋勇上前拉架，结果被牛车碾压，造成右脚脚踝处的距骨骨折，被送回武汉水果湖医院救治。幸亏此时家中已经有了身强力壮、吃苦耐劳的女婿张威克，在就医过程中，将千帆背上背下、背进背出，一时间，赢得校园里老同事们一片赞叹和羡慕："程千帆找了个好女婿！"按照我国的传统说法，历来是"吃啥补啥"，湖北方言叫甲鱼为脚鱼，伤了脚自然就要吃脚鱼。威克特地去自由市场买了一只三斤大甲鱼，又杀又炖，烧了一大砂锅送到医院。当时交通不便，水果湖医院与武大九区隔东湖遥望，如果坐公交，不仅要转乘两趟车绕一大圈，而且中间两头都要走不少路。于是，丽则夫妇决定沿湖行走一个多小时送往。问题是武汉的砂锅不同于江南砂锅的精致细密，是粗制土砂锅，俗称"铫子"，自重就有几斤，外加甲鱼和汤水，至少也有个八九斤。都说"路远无轻担"，威克就提着这么重的汤汤水水一大罐，走了一个多小时。有趣的是，因为从来没有烧过甲鱼，不知道要将鱼身上的一层膜撕下来才能去腥，结果，在医院里，每次热甲鱼汤，就腥气四溢，搞得整个走廊各房间的病人"苦不堪言"。鱼汤鱼肉味道非常鲜但是非常腥，为了早日康复，千帆也只能勉为其难，努力进餐。

　　一月后，因为医院病床紧张，1972年1月28日，周五，丽则的工厂休息日，夫妇二人将千帆接回家中。父亲骨折卧床，母亲体弱多病，天寒地冻，全靠丽则夫妇来回采买。但是，作为新婚夫妇，他们早已定好利用春节回安徽探望威克的家人。常言道：患难见真情。在诸般为难之中，丽则将为父母采买送菜的任务交给了挚友饶小平。饶小平家住汉口黄浦大道附近的工农兵路，到武大九区，单程就要两三个小时，两头走路各半小时，外加换乘三趟公交车或者两车一船。在丽则夫妇赴安徽探亲的半个月中，小平同学冒着风雪，远路跋涉，定时到武大九区送菜送物，嘘寒问暖。其中一次，由于小平感冒发烧，这个任务就由她的哥哥来完成。更感人的是，千帆手术两月后，脚上的石膏拆除，急需有一副拐杖来帮助康复和行走。武大卫生科没有可借的，汉口的国营医疗器械商店也不对私人出售。小平在商店苦苦哀求，只说是自己的父亲，说到动情处，竟不觉泪流满面，店员被这个小姑娘的孝心深深感动，破例卖给了她。可是，颇费周折买来的拐杖却并不好用，行走过程中觉得很不舒服，千帆决定让当工程师的小妹夫任木生请人修

丽则同窗好友，美丽善良的姑娘饶小平

1973年初秋，家人合影。左起：祖棻，二妹程晴佳及两个女儿琼琼、青青，千帆，小妹程小佳、任木生夫妇及其女儿艺瑾，上海亲戚郓嬢嬢，二妹的儿子叶凯

改。后来，木生请厂里的木工师傅另做了一副，倒是非常合用。千帆由于骨伤严重，年老体衰难以复原，留下了创伤性关节炎后遗症，拐杖一直陪伴了他近两年时间。最后，木工师傅做的送给了妹妹一位受伤的同事，国营商店出售的送给了丽则所在的武汉汽车标准件厂的医务室。

这些年里，千帆的小妹妹出嫁，继母去世。千帆长期在武大沙洋分校劳动，女儿在郊区工厂回家不便，祖棻许多时候都是在困苦、病痛、寂寞、无奈中独处。无论生活如何艰难，日子总会一天天过去，祖棻常常这样鼓励女儿也鼓励自己。所幸，"全家犹健在，十年长儿孙"。

1974年初春，外孙女早早出世，"生辰梅正开，学名唤春晓"，可爱小生命的诞生给祖棻寂寞孤苦的生活带来了希望和喜悦。

每逢女儿的休假日，她总在门前路口引颈翘首，盼望着孩子们的归来。清晨的阳光中，黄昏的晚霞里，她常常推着坐在童车里的外孙女漫步在湖堤：

如雪樱花映翠微，相携佳客趁轻晖。
娇婴未解寻春意，喜向山村买饼归。

细雨轻寒春事微，野桃未放绿阴肥。
娇婴忽地惊呼起，笑指堤边胡蝶飞。

娇婴共傍长桥立，渺渺云烟入画图。
双眼未经沧海阔，便将大水唤东湖。

小坐堤坳烟景妍，娇婴学语话绵绵。
也知转毂车行远，家在东湖那一边。

2011 年 4 月，丽则与三个姑姑重访武大九区，祖棻诗中经常提到的东湖长堤及小石桥。
左起：程丽则、程夕佳、程晴佳、程小佳

17 每夸母女兼知己

1972年春，丽则婚后，祖菜曾赋示女儿一首，最能表现出母女在几十年间的相依为命：

娇憨犹自忆扶床，廿载相依共暖凉。
春径看花归日暮，秋灯拥被话更长。
每夸母女兼知己，聊慰亲朋各异方。
喜汝宜家偿凤愿，眼前膝下几时忘。

祖菜将婚后十年且历尽伤痛始得的独女丽则视为掌上明珠，愿意付出自己的一切。丽则十个月左右时，千帆的大妹妹，十岁的夕佳在抱着她玩耍时，不慎将丽则的眉角处撞在箱子角上，受伤流血，祖菜非常心疼，但她没有责骂夕佳，只是在心中默默祈祷：宁愿自己少活两年，千万勿让女儿留下疤痕。不久，祖菜因为生产时造成的重大医疗事故导致伤口严重发炎长期不能治愈，于是在1948年10月，带着

1948年11月，祖菜带着十一个月的小女儿到上海求医。摄于上海复兴公园

幼小的丽则前往上海治疗，在半年时间里接受了两次腹腔大手术。女儿寄养在堂兄家中。尽管自己命垂一线，但在术后病情稍稍稳定时，她就急不可耐地请假回来。当时正值盛夏，只见小女儿睡在挂着蚊帐的摇篮里，热得浑身长满了痱子。祖棻本是病重之人，那晚却给女儿打扇一夜未眠，第二天又回到医院继续治疗。1957年冬天，祖棻因旧病复发严重，住进武汉水果湖医院长达半年之久，她无法与女儿共庆十岁生日，只能在病床上写下了三首充满爱与祝福的诗，这时距离她放下新诗之笔已经十几年，之后也没有再写过。

诗中，妈妈向大自然借取秋月冬雪春风夏日，作为送给小女儿的襟怀节操，温情与热烈，还要移来大海、钢铁、鹰隼、白鸽之品格，寄望小女儿的宽弘、坚强、勇敢与安详。

> 最后
> 用妈妈的无尽的爱
> 织成一个千丝的密网
> 盛着这些宝贵的礼物
> 请西王母的青鸟带给你
> 望你仔细地将它们检收
> 永远珍藏在你的心里

对于缺乏兄弟姐妹的孩子，母亲就是她的唯一。丽则至今还清晰地记得一幕，正是那年，有次跟随父亲前往医院探视，她独自溜达到住院部楼下花坛边玩耍，突然就听见了一阵撕心裂肺的哭声，循声看去，一个和自己差不多大的女孩正痛不欲生地大声呼叫着"妈妈……"她的妈妈死了，丽则顿时泪流满面，恐惧极了。祖棻因为体质虚弱，常感疲惫，有时候午睡时间比较长，丽则也会担心，总忍不住用手指去试探母亲的鼻息，生怕会有意外。

自从医疗事故以及多次大小手术后，祖棻就留下了严重的肠粘连后遗症，饮食稍有不慎，就会胀气腹痛腹泻，日常中离不开服用"酵母片"和炒焦米煎水。那时候，南方人普遍都将"酵"音读作"孝"，丽则因此自诩为"孝母片"（酵母片），祖棻十分认可。丽则虽然是当时极为少见的四零后独生女，父母视之为无价之宝，在艰难的环境中却也无法娇生惯养，买米买柴买煤，甚至做煤球，

1953年12月10日，女儿六岁生日合影

1962年12月10日，女儿十五岁生日合影

十几岁的少女样样要干。七十斤的蜂窝煤装进一个柳条筐里，绑在男式自行车的后座上，右腿要快速横跨过车前大杠才能骑起来，居然一路飞蹬冲下大陡坡还能安全到家。到武大的煤店，要走二十分钟，有一次千帆父女排了一上午都没买着，只好下午再来。买柴则要到街道口，至少公交车两站路。当时，煤的质量根本无保障，全凭运气，遇到劣质的，真是日日揪心。

1969年的冬天，华师二附中的高初中学生都已经上山下乡，唯独丽则所在年级的两个"半工半读中专班"还继续在校，于是被安排到潜江县周矶军垦农场劳动一个月。中间，丽则突然接到母亲来信，述说因为武大卫生科医护人员打针消毒不严格，注射部位引发了深部脓肿，一人住在医院十分困难。丽则接到来信，万分焦急，一边向军宣队请假，一边止不住伤心流泪。批假后立即从农场赶赴潜江县城，连夜乘坐汉江小客轮，清晨五点到达汉口码头，天亮后回到了珞珈山。军宣队干部虽然批了假，但在学习会上却将丽则为母亲生病着急流泪一事斥之为"资产阶级感情"。丽则事后得知，心中戚戚，但还是因为获得批假心存感激。

1970年至1976年，千帆长期劳作于沙洋五七干校，女儿住校住厂，虽然交通不便，但常常回来探望照顾母亲。1974年后，丽则因为公交车拥挤混乱，无法携带婴儿日日跑月票，祖棻的生活更加艰难，她给学生王淡芳、老友施蛰存等的信中，都提到："因武汉交通困难，女儿已迁居厂中，工厂任务特忙，又为婴儿所累，多年老病相依，如今失左右手矣。此处因所居偏僻，亦不能有临时帮忙之人也。"

湖北和江苏同为鱼米之乡，但是饮食结构还是有很大差别。祖荣偏爱的鱼虾之类，在珞珈山上并不易得，尤其那个年代的湖北人是不怎么吃螃蟹的，市场上自然也不见。有一次，在关山的市场上，丽则看见一位挑着担子卖菜的农民，青菜堆里居然有一只大螃蟹，丽则大喜过望，立即问价，居然要一块钱。要知道在七十年代，工人的一般工资只有三十多元，老母鸡、大河虾、大黄鳝不过五毛钱一斤。这只三四两重的螃蟹居然……买！"秋来最忆澄湖蟹，梦断持螯十六年"（《忆上海诸侄》），妈妈已经想了很多很多年了！丽则毫不犹豫付钱拿下，立即飞奔公交站，一个多小时后送到妈妈面前。大概是1973年秋季到1974年，从不见卖螃蟹的关山菜市场，突然出现了很多的螃蟹，七角四分钱一斤，每天早上都有，农用小卡车装着。女婿张威克经常一大早起来上市场，买了螃蟹后，骑车直奔武大九区，来回一个半小时，送到后立即赶回来上班。犹记得，丽则夫妇为买螃蟹，曾一度花费了三十多元，相当于一个人一个月的工资。

祖荣不是一个能干的主妇，烹饪更无技巧可言，但还是有几样食物可以拿得出手，毕竟从小生长在苏州，耳濡目染总是有的。八宝鸭做得很成功，但是物质贫乏，不仅鸭子不易得，八宝更难筹齐，所以没吃过几次。松鼠鳜鱼，也做得有模样有味道，只是工艺有点复杂。丽则能不能吃到，还要看渔民"偷捕"的运气，以及工厂的倒班情况，没有冰箱自然无法隔夜保鲜。祖荣后来学会了做酒酿，经过几次失败后，手艺日渐精进，成功率极高。张威克的五哥从安徽贵池来玩，到九区看望祖荣，品尝了新制的酒酿，直觉甜醇绵柔，酒香扑鼻，忍不住吃了又吃。时隔多年，回忆起来还赞不绝口，意犹未尽。

母女二人不仅在物质生活上相依为命，更是一对乐于分享彼此精神世界的知己。

从小，丽则和母亲就没有分离过，到了丽则成年以后，由于被贬到武大九区，房屋狭小，千帆常年不在武汉，所以母女二人依然"同床共枕"。常常聊天到深夜，一起回想昔日的种种美好场景，借此冲淡当时的苦楚。也有节制地"分享"各自在校的不幸遭遇，相互安慰鼓励。七十年代，祖荣开始以诗抒怀，做好了就会拿给女儿看，可是女儿正值青春，虽然也蒙受种种苦难与不公，但并不能真正体会母亲老年的悲凉与无奈，也无法体味一个诗人的情怀，总是草草看过作罢。有一次，祖棻很有信心地出示了两首："这个你一定喜欢！"果然，丽则大加赞赏。这就是对当年逃难在长沙一段时间的回忆：

屈贾当时并逐臣，有情湘水集流人。狂朋怪侣今何在？喜见江山貌已新。

狂歌痛哭正青春，酒有深悲笔有神。岳麓山前当夜月，流辉曾照乱离人。

有时候，母亲也会将自己的备课笔记让女儿阅读。记得大概是1965年，女儿对其中一句"春天是爱情的季节"颇有异议，丽则没有谈过恋爱，不懂其中的滋味，但是她在校长期接受阶级斗争的教育，直觉此话不妥，祖棻心中未必以为然，但她还是将其删除了。一年多以后，祖棻对女儿说：幸亏你提醒，否则，"用资产阶级思想毒害青年"的罪状又要加上一条。

1963年，三年困难时期已经结束，生活改善了许多，大家都感觉很舒畅。2月12日，正逢除夕之夜，丽则兴趣大发，将平日里收集的各类剪报、绘画一一整理粘贴在自制的大册子里，还用彩色蜡纸剪成大小窗花进行装饰。是否还即兴歌舞自娱自乐，记不清了，总之，祖棻留下了一首纪实诗篇：

1963年除夕，祖棻示儿诗

粘花贴锦集佳篇，歌舞安排夜不眠。
老兴纵输儿辈好，也除旧病过新年。

母女二人都与江南有着深厚因缘，在她们的回忆中，那里处处诗情画意。苏州三年南京一年的快乐生活，不仅令祖棻后来写了很多深情的诗篇，丽则也曾在年少学习写诗时，抒发过这样的思绪：

怀金陵（1957年7月）
湖里荷花景色幽，假期欲想上江舟。
无端阿父偏成错，辜负金陵几日游。

124

1965年8月，游苏州虎丘。
左为当年苏州老邻居陆钦轼的女
儿陆汝琳

忆苏州（1959年2月）
忽忆苏州往年事，月光如水入窗明。
花香夜静人初睡，风送邻家竹笛声。

少年涂鸦之作，乏善可陈，却无意留下了历史的记录。1957年的夏天，全家已有东下访旧之计划，无奈一场风暴，打乱了当时的行程，孰能料到，千帆就此禁足，整整二十年后才实现了东游之行，更不能想到的是，改革开放后，千帆父女居然从此定居江南。

祖棻于1956年秋从南京师范学院调到武汉大学任教，虽然夫妻暂得团聚，却无时不思念江南故乡，也曾在1963年、1965年、1973年、1977年，利用暑假等时间多次回到南京、上海、苏州探亲访友。最奇怪的是，祖棻在珞珈山上长年卧病，但每次回到江南，总是病痛暂消，神清气爽，平时不敢问津的牛奶也能随便喝了。几次都在返汉不久就会旧病复发，甚至在轮船上就开始生病了。看来，除了对荆楚大地长期水土不服之外，就是开心快乐的力量有时候的确可以战胜病魔。

祖棻常常对女儿回忆起自己的小时候，那个生活在苏州大石头巷的大家族，

1967年6月，武昌湖北照相馆合影

1972年5月，母女汉口合影

会说一些往事。并且不止一次表示如果能够写出来，就是一部缩小版的《红楼梦》，她希望能够动笔记叙。但是在那个天天讲阶级斗争的年代中，在那些生活都处处困难的日子里，对于体弱多病的她来说，不过是一个梦想罢了。

祖棻母女虽然情深似海，但日常生活中，难免会有小摩擦小情绪，丽则记得最有趣的是，1963年夏天，母女到南京游玩，有一天傍晚走在鼓楼食品大楼门口，祖棻说想去马路对面的"马祥兴"买一杯冰镇酸梅汤，可是丽则不想喝，不愿意过去，各持己见，最后，祖棻自顾自去了马路对面喝酸梅汤，丽则坚持原地不动，不喝也不陪同。1974年以后，丽则由于孩子出生，倒班辛苦，劳累烦躁中也会为了一些琐事对母亲任性发气……俱往矣，无论细语温存还是吵闹生气，都成为最美好的记忆。

有一些日常话语，由于母亲的再三叮咛，就成为女儿一生遵循的信条。祖棻从小就喜欢给女儿买花衣服，因为她觉得自己年纪轻轻就当上了教师，端庄朴素的职业要求让她从此很少穿花衣服，更不用说鲜艳的了。她希望小女儿能够一直漂漂亮亮，从此，丽则就爱上了穿花衣，一直穿到比妈妈都老了的时候。当年没有五彩缤纷的生日蛋糕，每年女儿过生日的时候，祖棻会为她准备生日面，带她去照相馆留影。并且多次叮嘱：生日那天一定要去照一张相，等老了以后慢慢看，以后就是妈妈死了也不要忘记！祖棻去世九个月后，丽则就将父亲给自己"坐月子"的一百元钱省下，买下了家中的第一台照相机——珠江120。后来，丽则爱上了摄影，也留下了无数的倩影。

18 一篇《早早》有情思

外孙女早早的诞生，给外祖母带来了苦难中的欢乐与情趣，一举手一投足，一颦一笑，无不时时牵动外祖母的心，尤其是她随父母在工厂生活的日子里，思念成了祖莱极大的精神寄托，经常会反复回味。在女儿的提议和催促下，祖莱于1976年6月下旬，用大约一周的时间，写下了一篇充满童趣、脍炙人口的佳作《早早诗》，之后进行了适当的修改和完善。诗中极其生动而又真实地描绘了一个两岁多的孩子的日常生活和她眼睛里的世界，其成就比左思的《娇女诗》、李商隐的《娇儿诗》可谓有胜之而无不及，堪称可传世之作。因此得到了诸多专家学者的高度赞许："独爱长篇题《早早》，深

1974年8月，半岁的早早与外婆

127

衷浅语见童心"（朱光潜），"一篇《早早》有情思，胜绝《娇儿》《娇女》诗"（荒芜），"《早早》一篇用童心的灯火照亮了苦难和屈辱的灵魂的暗隅"（舒芜）。

如今，虽然大时代的背景今非昔比，儿童的生长环境也截然不同，许多孩子已可谓锦衣玉食，但是，幼儿所能捕捉的简单快乐并无区别，短暂的成长过程中，家长的感受和体会依然大同小异。时光虽然交替，《早早诗》却以其独特的魅力，永久展现着"人人心中有，个个笔下无"的儿童情趣与人间温暖。诗中多处出现的"家家"二字，是武汉人对外祖母的称呼。

张氏外孙女，前年尚襁褓。八月离母腹，小字为早早。

生辰梅正开，学名唤春晓。一岁满地走，两岁嘴舌巧。

娇小自玲珑，刚健复窈窕。长眉新月弯，美目寒星昭。

肤色异两亲，玉雪何皎皎。母云似阿婆，白晰人皆道。

汝母生已迟，汝幼婆已老。惟余双鬓白，肌肉久枯槁。

今日成老丑，昔时岂佼佼。汝独爱家家，膝下百回绕。

喜同家家睡，重愁家家抱。关心唤吃药，饮茶试凉燠。

分食与家家，儿自不嫌少。惟愿快长大，为婆洗衣袄。

随母休沐归，相亲复相扰。夺帚争扫地，脱衣唤洗澡。

玩水瓶时灌，弄火锅空烤。倒罐更翻篮，到处觅梨枣。

帐竿当竹马，手杖满地捣。凌空学杂技，一跌意未了。

嚇人装老虎，怒吼势欲咬。打狗踢苕猪，不怕舞牙爪。

偷攀自行车，大哭被压倒。婆魂惊未定，儿身痛已好。

一晌转安静，向人索纸稿。移凳伏书桌，画鱼又画鸟。

积木堆高低，皂泡吹大小。三餐端正坐，家家喂饭饱。

饮河期满腹，美馔视葹葹。不喜著新衣，敝服曳缁缟。

阿母责顽劣，此语使儿恼。鸡鸡不洗脚，上床胡乱搞。

狗狗不睡觉，半夜大声吵。我是最乖儿，家家好宝宝。

外祖远归来，初见话琐琐。明朝更相昵，爷爷膝上坐。

挽颈因摸胡，抱足还抚髁。家家抱不动，爷爷可抱我。

推车买牛奶，递刀削苹果。爷爷喂鸡鸡，早早吃鸡卵。

128

爷爷烫痛手，早早不近火。爷爷睡高床，小心翻身堕。
共爷嬉戏多，向婆提问夥。表情万态殊，表声众音哆。
惊叹疑问号，诨名固自妥。爷爷回沙洋，早早意谓叵。
今夜爷爷走，门由我来锁。不见爷爷面，常唤归来可。
生小爱交游，门前解迎客。一见笑相呼，未尝感踟蹰。
爷爷与奶奶，阿姨共叔伯。但辨年貌异，不管辈分隔。
拍床请客坐，指茶叫客吃。每见小友来，糖果多让客。
客来逢新正，恭喜学拜揖。问之道姓名，竖指示岁月。
客去知相送，慢走防倾跌。再见屡挥手，来玩趁空隙。
举家多粗疏，儿独礼无缺。邻里皆爱怜，才去问归夕。
儿性却开朗，来去任倏忽。纵教三宿留，不作桑下惜。
临别告家家，好好多休息。别后想家家，一日几回说。
时时对像片，家家叫不歇。归来却欢喜，依依傍肘腋。
相携看大水，东湖连天碧。沿堤采野花，向波投小石。
笑指蝴蝶飞，喜看高鸟击。回家插瓶花，欣赏动颜色。
有时堕甄破，闯祸前请责。家家怜不扑，举手自挞拍。
暂留伴家家，不随父母归。邻人来相问，家中有阿谁？
爸爸在厂里，妈妈值班期。爷爷放牛去，家家是老师。
因取眼镜戴，一册两手持。为摹看书状，迂腐诚可嗤。
儿勿学家家，无能性复痴。词赋工何益，老大徒伤悲。
汝母生九月，识字追白傅。少小弄文墨，勤学历朝暮。
一旦哭途穷，回车遂改路。儿生逢盛世，岂复学章句。
书足记姓名，理必辨是非。毛泽东思想，指路路不迷。
但走金光道，勿攀青云梯。愿儿长平安，无灾亦无危。
家家老且病，难见儿长时。赋诗留儿箧，他年一诵之。

　　祖棻作为"家家"在世时，"左"倾路线的长期泛滥，"文化革命"的十年颠覆，她真是很难料想知识分子何时有出头之日。她在诗中结尾部分描述的是，一个才华横溢的高级知识分子对后代前程绝望之后的期待，读之令人心碎。

　　祖棻最疼爱的早早，1989年考入南京市重点中学——金陵中学高中部，成为

1975 年 3 月，丽则同窗
好友何翔如与祖棻、早早摄
于武大樱花树下

1975 年 12 月，祖棻、丽则、
早早祖孙三人的唯一合影

1979 年春，早早在武汉大学樱花
树下。手提的织锦缎小包，正是当年
千帆赴京开会托人带到苏州送给女儿
丽则的礼物

外公的校友，1992年考入南京大学中文系，成为外公外婆的系友，1995年南大研究生毕业，又考取了复旦大学博士生。先后在南京大学、暨南大学任教。她秉承了外婆的灵心慧性，创作了多部长篇小说，也出版了多部学术著作，想外婆的在天之灵是多么的欢喜啊。

多年以后，比早早小四岁的妹妹也长到了相似的年龄，同样活泼可爱，聪慧乖巧，却又有着不同的脾性特点，姊妹二人都受到了外公的格外喜爱。丽则对父亲说，妈妈写了一首早早诗，你也为小燕子写一首吧，千帆听后略略沉思，摇了摇头，实话实说："我写不出来。"但是，他欣然同意了丽则的另一个要求，书写了长卷《早早诗》。回想起来，丽则不仅促成了《早早诗》的诞生，也催生了这幅同名长卷书法的问世，的确值得欣慰。

早早二十岁，就读于南京大学中文系二年级

1996年，早早出版的
第一部长篇小说《风雨情缘》

早早著作书影

19 襟怀老更宽

1952年12月，在江苏师范学院

　　女儿对母亲最深刻的认识主要还不在她的文学创作高度，而在于她的为人，她对人世间的情爱，她的"温良恭俭让"。

　　祖菜虽然是满腹诗书的高级知识分子，却非常尊重底层劳动人民，尊重他们从生活中得出的宝贵经验。六十年代，家中请过一位保姆，人称"王婆"，大字不识一个，有时候却"口爆金句"。由于祖菜每每力赞，丽则至今还记得王婆说过的两句话，一句是"少似观音老似猴"，一句是"把别个当苕的人自己才是苕"。"苕"，是红苕，红薯，在湖北方言中，苕又是"笨蛋傻瓜"的代名词。前者揭示了人生的自然规律，后者则充满辩证的智慧。

　　被贬九区的十年间，祖菜与工人邻居以及附近村民相处和谐，一起絮叨家长里短，工人师傅们的目光也由最初的警惕犀利变得友好温和。她常常帮助没有文化的孙嫂子写家信；曾经上门为张婆婆亲手示范，如何剥螃蟹；在夏天突如其来的暴雨中，为了早秀家的鸡免遭"落汤"，冒大雨去她家敲门，淋湿了全身，还再三招呼这些鸡来自家避雨，当然这些鸡不通人话，更不通人情。夏天晚上，她和邻居乘凉聊天，一起猜谜语，一旁不知情的村民连连夸赞：看不出这个婆婆还蛮有文化。直到2022年9月，丽则还收到当年邻居少年牛儿的一则微信："沈老师帮助我们不少。有一个细节，我们这几家用电共一个电表，沈老师总要把自家灯泡瓦数多报些，这样其他家分摊的费用就少些。这是我亲耳听到沈老师说的缘由，心存感激这么多年，难忘哦。"

1966 年 3 月，在武汉大学

哪怕是那些各种捣乱、让千帆一家不胜困扰的渔村顽童，祖棻也不记恨，但凡有上门求售鱼虾的，总是尽量买下，就是到了很晚才拿来，祖棻也收下腌制后留待第二天食用。祖棻还垫钱帮同事买鱼，然后让女儿女婿送上门，丽则就曾经上山到武大一区送鱼，威克除了上山，更是多次到三区詹伯慧（后任暨南大学教授）家送鱼。詹伯慧要去沙洋五七干校，房子必须腾出来，东西没地方放，就将一张单人木床寄放到祖棻家中。其实自从被赶到九区，屋内已是拥挤不堪，家人经常自嘲是"促膝谈心"，但祖棻还是一口应承下来。放在哪里呢？想办法！于是将一张原来由两只条凳架着的绷子床拆掉，放置小木床，再将绷子床架在木床两头的床架上，成为一张"高床"。这就是祖棻在《早早诗》里写到的："爷爷烫痛手，早早不近火。爷爷睡高床，小心翻身堕。"直到多年后，詹伯慧回到武大才拿了回去。

祖棻并非出于被迫无奈才与九区的工人们打成一片，纵观她的一生，友善睦邻，助人为乐，一以贯之。不仅以德报怨，还善于化"敌"为友。

1952年，祖棻初到江苏师院任教，系里将杨白桦教的一门古代文学课程分给了她，虽然是老熟人了，但系里的安排令杨白桦感觉不爽，难免产生隔阂。三年过去，祖棻和杨白桦、徐铭延三人成了最好的朋友，以至于院系合并到南京后，三人还结伴去苏州观戏，相约一起参加系里组织的春游镇江扬州，在南京，杨白桦家也成了祖棻母女常去的地方。祖棻返回武汉后，彼此书信不断，日后怀念徐、杨二位的诗，可谓血泪斑斑，感人至深。在武大二区居住十年间，有位老

1973 年夏，摄于上海

1973 年 8 月，东游南京，与昔日中大老友柳定生
柳定生，1935 年毕业于中央大学历史系，其父为著名
学者柳诒徵。1973 年夏，祖棻东游，受邀留宿柳家两日，
柳因此购买了家中第一台电扇

邻居席鲁思，比千帆夫妇年长十几岁，是一位很有旧学根底的老先生，但是老人没有著作出版，讲课方言很重影响效果，因此在五十年代高校评定职称时，只评上了四级教授。而千帆当时虽然年轻不少，却不断有文章专著问世，讲课更是广受欢迎，外加积极参与社会工作，被评上了三级教授。这件事让席老先生耿耿于怀，就此与千帆格格不入。祖棻却始终予以理解，对老人一如既往。到了1966年，高校首当其冲，人人"触及灵魂"。运动初期，白天晚上都要集中学习，天天大会小会，席鲁思当时已经七十岁，受到冲击担惊害怕，常常神思恍惚，晚上回家有时都会走错路，祖棻很为老人担心，主动每晚等候陪同，将其送回家。席鲁思非常感激，不止一次拉着祖棻的手，说："你真是个好人，一定会有好报的！"但是老人终究抵不住铺天盖地的声讨，当年六月就在恐惧中抑郁离世。后来，祖棻虽然被迫移居九区，距离二区有近半小时路程，但自身难保的她还是会记挂、看望席老的遗孀。

三年困难时期，白糖绝对是稀罕物，在武汉市面上根本就看不到。祖棻从上海探亲回来，带回了一点上海亲戚凭票购买的白糖，她却还分赠给了教研室同事患病的母亲。七十年代，大部分人的工资都很低，九区的工人邻居们亦是如此，每到月底，他们往往会找祖棻借钱，五元十元的，等到第二个月十号发了工资再还。甚至附近的村民、送信的邮递员也会因为一时困难而开口。祖棻从不犹豫，每次都是有求必应。直到1977年祖荣从上海归来遭遇车祸去世，村民梅爹爹、邮递员都还有钱没有归还，千帆婉拒了他们的归还，说是留个念想。那时全国的民用经济发展都很有限，物流更是不便，因此，祖荣去到上海，因为亲友及丽则的同事相托，她花了不少时间精力奔波各商场采买。带回家的满满两只大箱子，里面很多代购衣物，睹物思人，心中更加难受。她为车间方师傅女儿代购的一双小皮鞋，丽则也没有收钱，留个念想吧。

回溯到更遥远的过去，这也是陶芸阿姨在晚年多次讲述的，逃难重庆时，休息日去玩，祖荣总会向邻人借钱添菜留饭，但从不肯收取饭金。这样的克己待人给陶芸留下了终生印象。

祖荣善于交友，同学同事中有不少成了一生的挚友，但凡与她相处过的人都留下了吴侬软语、和蔼可亲的印象。因为是武大卫生科的常客，她与医生护士也处得很好，特别有几位六十年代支援内地的上海护士，更是当做半个老乡，小金小俞小王，她们当年的音容笑貌，丽则至今还能想起。有一次，祖荣因为护士消毒不严格，注射部位引起深度脓肿，住院治疗期间与小王护士的三岁小女儿相处特别好，小女孩总是来找这位阿婆玩耍，因此，祖荣感慨地说其实小孩子最知道谁对她好。丽则的同窗饶小平、何翔如也是祖荣的小朋友，相处亲密，有一次在汉口中山公园与饶小平相约，小平带来了一位追求者，祖荣居然悄悄耳语：他配不上你！何翔如更成为祖荣的忘年之交，因为受家庭牵连，她下乡后迟迟无法返城，孤苦独守僻壤，祖荣经常写信宽慰，曾有诗相赠："穷乡书一纸，展处感偏深。相吊灯前影，独行湖畔吟。未愁无与语，却恐久成暗。远札千回读，忘言契素心。"1975年，翔如终于返回武汉，祖荣为之高兴，立即表示祝贺："忘年见交道，勤业亦清才。终入青钱选，襟怀一笑开。"

在很长一段时间里，有限的粮票布票都是每个中国人极其重要的生活资源，没

1974年，与忘年之交何翔如

有人会轻易送给他人。但，祖棻却曾拿出票券帮助因为丢失布票而焦头烂额的同事，不料反被此人转身诬告为"右派家属的拉拢"；有一次在菜场排队，前面相隔两人就是一位极熟的老邻居，她的丈夫去世早，千帆夫妇曾经给予很多帮助，这时却对祖棻的招呼视而不见，只顾与他人说笑；一位昔日惺惺相惜来往甚多的外文系女教授，祖棻上门想借几本翻译小说打发时光，也遭到拒绝。祖棻讲述这些事情时多为遗憾无奈，很少动气。1976年9月，丽则东下苏杭，投奔主动与祖棻通信多年的一位笔友，借宿两晚。当时千帆祖棻都被退休，千帆也已"摘帽"，丽则闲谈中说到，父母有意东下探亲访友，谁知就被他们夫妇专门约谈明确拒绝。事后，祖棻只是一声叹息：到底不是自己交的朋友。

既然世态炎凉也是人之常情，何如敞开胸怀接受包容。正似祖棻诗中自述："文字闲愈懒，襟怀老更宽。"

2019年10月，丽则重访珞珈山，相邀当年九区的老邻居们故地重游

从九区通往武大商业中心二区的道路，留下了祖棻无数蹒跚的身影和艰难的足迹

20 历尽新婚垂老别

1976年春，千帆奉命退休，数月后获准回家与妻女团圆，祖棻亦于1975年12月被正式宣布退休。

1976年秋天，"四人帮"的垮台，使许多人特别是知识分子心中重新燃起希望之火。应昔日江东众老友的邀请，1977年暮春，千帆夫妇欣然买舟东下，访亲探友。

千帆自1957年被错划右派以来，匆匆已二十载，不曾有过自由远行的机会，祖棻那颗诗人的心灵，更是在十年"文革"中倍加思念江南故乡及远方亲友。一朝亲朋老友相聚，其中有多少不堪回首的伤心往事，更充满劫后重逢的无比喜悦。

老友章黄苏系祖棻旧日在金陵大学研究班的同学，当时为上海师范大学中文系教授。他为人极其热情豪爽，新形势下好心情，他率先提出倡议，力邀散居各地的老友们东下一聚，畅诉久别之情，并作来新诗盛情相邀。祖棻积极响应答曰：

1977年5月，千帆夫妇看望老友凌景埏之女凌萍萍一家。左起：凌萍萍之女谢珊、祖棻、早早、凌萍萍

新诗邀旧侣，佳约屡商量。
山左花将发，江南草正芳。
何妨垂老日，重理少年狂。
共醉莺啼处，繁香覆酒觞。

同时，祖棻给远居四川的萧印唐、刘君惠，哈尔滨的游寿，济南的殷孟伦，开封的高文等诸多老友多次写信寄诗，表达了"未死尚期谋一面，平生此愿已千秋"的强烈心愿。然而许多现在看来很容易办到的事，当时却有着种种障碍，最终，散居各地的老友们还是没能如愿齐聚金陵。

1977年6月，千帆夫妇与早早在上海

1977年6月，千帆夫妇与老友章荑荪（左一）相会于上海

此番东游南京、上海,自4月25日中午乘东方红11号轮离开汉口,27日下午抵达南京,孙望来接,章黄苏特地从上海赶来南京相聚,历时两月。且带上活泼可爱的外孙女早早,所到各处,与亲友久别重逢,看祖国大地百废待兴,人民群众神清气爽,夫妇二人心中自是十分欣然。

老友劫后重逢,不可无酒无诗,祖棻作《丁巳暮春,偕千帆重游金陵,呈诸故人》十八首,诗中有曰:

霜白侵衰鬓,
春红上醉颜。
何须论仕隐,
盛世暂偷闲。

明月愁千里,
垂杨恨万丝。
加餐爱光景,
共乐太平时。

千帆亦有诗云:

少年歌哭相携地,
此次重来似隔生。
零落万端遗数老,
殷勤一握有余惊。

1977年6月23日在上海留下的最后一张合影。距离二人1936年春在南京玄武湖第一次合影,1937年流亡屯溪结婚,正是四十年患难与共

同一天,千帆、祖棻、早早及祖棻的侄孙沈照合影

139

从中可以看出他们在形势巨变中的心有余悸，以及对未来充满了期望。

然而，这一切欢乐与憧憬却在瞬间戛然而止。

1977年6月27日，祖棻在自上海返回后的归家途中不幸因车祸去世。

千帆和祖棻带着外孙女早早结束了东游之行，乘江轮回到武汉。由于当时交通极为不便，他们乘坐了一辆机动小三轮车，从汉口码头返回珞珈山，不料回家途中，坡陡路窄，迎面驶来一辆卡车，避让之下发生车祸，三轮车撞上了路边的水泥电线杆，祖棻不幸遇难，千帆右小臂三处骨裂，威克多处撞伤。

由于受极"左"路线影响，单位领导对于这场飞来横祸，对于千帆这位受伤的"摘帽右派"和祖棻这位去世的"右派家属"，以及千帆全家陷入的极度悲伤，没有丝毫的关心和帮助。

车祸发生在离家两三百米的武大印刷厂大门前，当时就有厂里的工人出来相助。其中恰有千帆家的邻居，立即打电话到中文系，那天系里有相关人员在开会，可是面对一个熟悉的生命的瞬间垂危，居然有领导发话："这个人已经退休了，我们不管！去找居委会。"

至爱亲人在临终时刻所遭受的冷漠与蔑视，是任何人都永远无法抹平的心灵伤痕。

武大除了善良的工人邻居们伸手援助，只有极少数昔日的同事前来慰问。据千帆1978年7月1日访吴志达未遇的一张留条中，可以得知："祖棻在武大中文系古典文学教研室工作二十年，逮其遇祸惨死，教研室同仁来吊者，先生一人而已。"近三十年后，2006年，丽则偶然与昔日武大中文系五老之一、著名语言文字学专家刘博平先生的孙媳妇相遇，得知，当时年逾八十六岁高龄的刘老前往吊唁之后，由于心情极度悲伤，外加天气酷热，回家之后竟然昏厥过去。二区老邻居、经济学家谭崇台携夫人韩中英前来吊唁的情景，丽则的好友、武大著名空间物理学家梁百先的女儿梁世平生产刚刚满月就立即前来探望……这些屈指可数的来者在时光的流逝中令人记忆犹新。

祖棻的魂消魄散，对千帆父女犹如天塌地陷，丽则在昼夜痛哭中几乎一周时间不能下床，全靠女婿张威克一人独撑局面。二人的同事好友以及车间领导纷纷前来悼念，甚至批假一月，让丽则在家休息并照料父亲。反观武大中文系领导的表现令人彻骨寒凉，车祸发生之时，他们得知情况不仅没有伸手相助，反而一推了之，事后，他们也不闻不问。当时张威克的姐夫胡福安作为武汉钢铁公司的一名工段长，正在武大"工宣队"参与领导"斗批改"，他直接向武大的"工宣队"、"军宣队"领导反映了情况。第三天的晚上，中文系三位负责人才被迫姗姗迟来，他们久久无语，最后不痛不痒的表示，被悲愤交集的丽则毫不留情地怼了回去。第二天这件事就传遍了校园，千帆尚有余悸，深怕女儿出言不逊惹出麻烦，而事实上，丽则的"冒犯"得到了绝大多数人的肯定。

而丽则夫妇所在单位——武汉汽车标准件厂的工友们，一批批前来慰问，到殡仪馆参加遗体告别。之后又鼎力相助，冒着酷暑，将红砖、水泥等运到远郊墓地，背上山坡，为祖棻砌了一个小小的坟墓，立了一块简易的墓碑，才使她魂有所归，入土为安。

千帆和祖棻结婚四十年，琴瑟和谐，尤以文章知己难得。但因为战乱、失业、病痛、政治等诸多原因，一直是聚少离多。

1937年9月1日，千帆与祖棻在屯溪避难时结婚，半年后辗转四川各地，直至抗战胜利。逃难途中，二人曾在安徽屯溪中学任教一学期，日寇逼近，千帆因教学工作尚未结束，不能立即离开，故1937年初冬，祖棻与学生四人结伴，先行前往安庆，溯江西上汉口，到达长沙。祖棻在给汪辟疆、宗白华两位老师的信中描述："受业故乡失陷，田庐尽毁。京师沦亡，辎重悉弃。屯溪又不可居，学生纷散，学校解体。受业万不得已，一人亡命来湘。风云紧急，交通困难。初几困陷于安庆，后几流落于汉皋。其间艰苦危险，笔难尽述。幸达长沙，宛如隔世。"1938年1月，夫妻二人在长沙会合。失业的直接后果就是无以为炊，于是1938年3月，千帆携祖棻赴益阳龙洲师范任教两月，后因患严重的神经衰弱不得不辞职休养。1938年5月，二人又匆匆分手，千帆前往汉口，谋职西康省建设厅驻汉办事处文员，祖棻则独自到达重庆，在重庆贸易局工作两个月，单位就解散了。秋天，祖棻应聘重庆界石场蒙藏学校教职一学年。1939年初，千帆

八十五年前的一纸婚帖，成为千帆、祖棻在兵荒马乱的年代结婚相伴，走上流亡之路的珍贵物证

由汉口调往四川康定，任西康省建设厅科员，1939年秋，祖棻在前往康定途中滞留雅安养病，1940年春夏因病到成都求医。直至1940年秋天始，千帆祖棻才得以在乐山、成都，过上了几年在战乱中相对稳定的家庭生活。

抗战胜利后来到珞珈山。1948年，祖棻因为医疗事故，两年间两次自武汉奔波上海就医，每次滞留时间长达半年，千帆也只能利用寒暑假前往照应。1952年，祖棻为了工作离开武汉，到苏州、南京任教四年。1957年后，千帆更是长期在远离武汉的蕲春、襄阳、沙洋等地的农场、分校、干校劳动，直至1976年方奉命退休得以回家团聚。不料一年后，夫妇二人就天上人间永别离。正如祖棻诗中所言：

历尽新婚垂老别，未成白首碧山期。文章知己虽堪许，患难夫妻自可悲。

祖棻离世一年后，千帆回首往事，不觉潸然泪下，怆然成咏：

衾凤钗鸾尚宛然，眼波鬓浪久成烟。文章知己千秋愿，患难夫妻四十年。哀窈窕，忆缠绵。几番幽梦续欢缘。相思已是无肠断，夜夜青山响杜鹃。

千帆夫妇之间的感情，在某种程度上已经完全超越了单纯的夫妻关系、家庭伦理。他们从事共同的教学、研究，他们几十年以诗词为心声，相互唱和。他们不仅是夫妻，还是同学、同事、良友，更是惺惺相惜的文章知己。千帆对于祖棻的才华、人品由衷地欣赏钦佩，如他所说：痛惜和怀念祖棻，不独私情耳。

放眼茫茫人海，又有几人能结成这样的缘分？

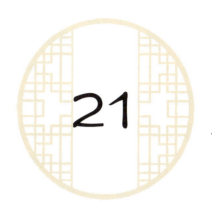

21 永抱遗编泣断弦

1984年，由千帆的老学生，湖北大学中文系教授周勃等人出面，修葺了祖棻的坟墓，重立了墓碑。

1995年，武汉市石门峰公墓进行统一调整规划，祖棻的骨灰由千帆在武汉的妹妹程小佳夫妇出面出力，重新安置在石门峰福海园山坡的高处，面对一片开阔的远山近水。墓碑及碑阴由千帆手书。

翌年5月，千帆携家人、老学生在潇潇春雨中再度去看望了这位杰出的才女和一代词人。

当时车祸发生后，各方亲友得知噩耗，纷纷来信致哀慰问，他们急迫地想了解情况，希望丽则能代替受伤的父亲回复信件，而丽则一铺开信纸就恸哭不止，根本无法落笔，最后这些回信还是等到一个月后，千帆的手臂基本恢复，才流着泪陆续

1977年由武汉汽标厂工友出力修建的墓及墓碑，后方为千帆父亲程穆庵之墓

1984年3月，由湖北大学周勃等出面重修的墓碑。千帆和外孙女小燕

143

1995年迁坟后，千帆书写的祖棻墓碑和碑阴

1996年5月，千帆为祖棻扫墓，后撑伞者为老学生吴志达

回复。春去秋来，母女梦中频频相会，梦醒时分泪流满面。多少年后，丽则仍然无法平复心境来写一篇回忆母亲的文章；多少年后，走进琳琅满目的超市，打开电视机、冰箱、煤气炉、热水器，想到今日的物质丰富生活便捷而母亲却无缘享受，丽则的泪水就会夺眶而出。如今，四十六年过去，丽则在补充这么小小一段文字时，依然无法抑制痛哭失声……

1999年，在编写《千帆身影》初稿时，千帆无限感慨："我今年已八十有六，来日无多，除要外孙女张春晓代我编成《沈祖棻文集》四卷（河北教育出版社）之外，也不能再为她做些什么了。但我深信祖棻那明净的心灵之光将透过她所留下的文字映照着后人的灵魂，给人以永久的启迪。正如我在她的墓碑背面所题碑阴：灵芬奇采，炳耀千秋。"

祖棻辞世周年，千帆填《鹧鸪天》两首，寄托了自己无限的怀念与伤痛。其中一首这样写道：

燕子辞巢又一年，东湖依旧柳烘烟。春风重到衡门下，人自单栖月自圆。
红缓带，绿题笺。深恩薄怨总相怜。难偿憔悴梅边泪，永抱遗编泣断弦。

作为情深意重的四十年患难夫妻、文章知己，祖棻的骤然离世，给千帆带来无法弥补的巨大伤痛，整理祖棻的遗著使之出版，传世扬名，成为千帆当时最大的心愿，因为只有这样才是对亡妻最有价值的回报和纪念。

1977年秋天的时候，他在给老学生杨翊强的信中这样写道："我现在手已基本好了，正在尽力整理逝者的遗著。如果不及时搞出来，我一归天，就必然淹没。如果我将来去见上帝，看见她坐在旁边吃糖果，如海涅所说的，怎样向她交代呢？这是伤心话，不是玩笑。"

虽然是时代的错铸，千帆心中却始终抱有对妻女的愧疚，他不止一次说道"我对不起祖棻，她本来可以过很好的日子，却跟着我受了一辈子的苦"；晚年，他经常对陶芸说，是由于自己的原因，丽则未能上成大学，尽管陶芸一再纠正道"'文革'十年，大家都读不成"，但是千帆还是反复叨念并未改变这种想法。丽则会想到初中时候的一件小事，当时的班主任，一位华中师范学院毕业的历史老师在课堂上让大家分享今后的理想，丽则说自己要当一名老师，班主任不无讥诮地说："你恐怕不是想当我们这样的中学老师吧？！"丽则顿时语塞，但是心中曾经的光亮和老师似笑非笑的面容永成定格。

带着身心的伤痛，夜以继日，暑寒交替，千帆用一年的时间陆续完成了各项整理，同时积极联系出版事宜。1978年，《涉江诗词》首先在老友孙望夫妇及赵国璋的帮助下，以自费油印的形式出版了。

不久，千帆给女儿丽则的信中写道："妈妈的诗词发出后（只是国内）收到如雪片一般的回信，赞扬满口，更使人感到难过。但无论如何，印出就不至埋没了。""南大副校长范存忠也回了信，对妈妈评价极高，认为'有奔放的热情，飞腾的想象'。想来还会收到更多的信，更使我难过。"

随着改革开放的步伐，文化出版事业也得以重振，由于千帆的及时整理，祖棻的多部遗著在1980至1985年间陆续出版，好评如潮。尤其是由祖棻当年的授课讲稿整理成书的《宋词赏析》，以其诗人独特的视觉、体味，对宋词所进行的精辟独到、深入浅出的分析，引领了当时中国古典诗词赏析的先河，在众多的赏析类书籍中获得了长久的生命力，无论是专家学者，还是普通读者，一致赞不绝口。

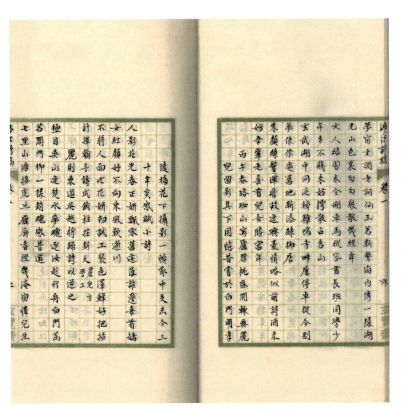

祖棻去世一月后，千帆带着身心的伤痛，开始抄录涉江诗稿

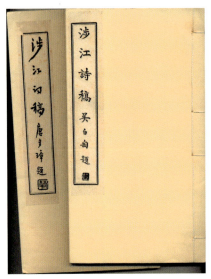

1978年，自费出版的涉江诗、词油印本封面及扉页

1985年暮春，千帆到苏州大学参加清诗研讨会，故地重游，招待所适邻校内宿舍——六宅头祖棻故居，人去楼空，感慨万千，成七绝二首：

窈窕词仙去不还，
尚留遗宅在人间。
闲寻执手巡檐处，
一抹微阳度屋山。

迢迢楚水接吴山，
应有英灵数往还。
天赐庄头今夜月，
那堪重对两凋颜。

江苏师范学院六宅头 4 号祖棻故居后门

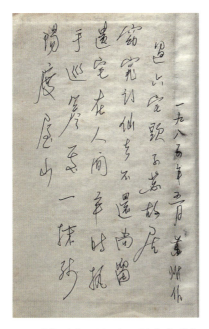

千帆写在 1985 年日记本底页的
七绝诗初稿

1990 年，丽则春游苏州，重返故居
六宅头 4 号留影

2004年，祖棻去世近三十年，中华书局、江苏凤凰、长江文艺、岳麓书社四个有实力有口碑的出版社，争相要求出版《宋词赏析》，其影响力可见一斑。作为一部严谨的学术著作，当时印数达到近四十万册，也的确是可以令逝者欣慰了。

1994年，江苏古籍出版社出版的《沈祖棻诗词集》，由千帆笺注，这也是对涉江诗词的另一种补充和完善。旧体诗词言简意赅，内涵丰富，许多的隐意、典故，非当事者无以得知，千帆晚年的这一著述，对于涉江诗词本身的价值和读者都有着极大的意义，的确无愧于"前无古人的笺注"（舒芜语）这一评价。

1994年，千帆笺注的《沈祖棻诗词集》由江苏古籍出版社出版

1997年，河北教育出版社盛情为千帆和祖棻出版文集。千帆因年老体衰，遂请门人莫砺锋与之商谈并代为编辑，祖棻文集则交由外孙女张春晓编辑完成。原计划文集在1999年出版，后由于出版社方面原因，延至2000年秋冬方才面世，以至于他生前未能亲眼见到。

二十余年光阴荏苒，千帆的努力和心血没有白费，祖棻的珠玑之章在历史的浪花中闪闪发光。人们开始重新审视这位在三四十年代就已经扬名江南川蜀大地的爱国女词人。

1997年12月，河北教育出版社社长王亚明（中）、责任编辑潘海鸥（右一）及编辑室主任孟保青、美编张子康四位先生来访，商谈出版文集事宜

2000年，河北教育出版社出版的《沈祖棻全集》四本

三十年间，不同出版社、不同版本的《宋词赏析》

22 流水征篷四十年
又向金陵作道场

1978 年 6 月，武大九区隔壁的东湖铁路疗养院大门口。四川老学生李国瑜出峡过武昌探望千帆师，并为之摄影

　　自1957年千帆被错划为右派分子至1975年"摘帽"，一顶让人失去工作、失去言论及行动自由的沉重的"大帽子"戴了整整一十八年。据统计，全国划为右派分子的人数多达五十五万之众，受牵连的亲友则难以统计。没有经历过的人是不可以轻言"感同身受"的。

1976年，千帆"摘帽"不久，即奉命退休，归属街道领取退休金。可是，满腹的学问，难道就此丢弃？千帆决不甘心，在东湖边的陋屋里，他又拿起笔，整理在放牛劳动之暇所构思的论文。为了勉励自己，他特别在书桌上方的墙壁上，贴上了手书横幅："一寸光阴一寸金，寸金难买寸光阴。"后又自撰一联："移山犹励愚公志，伏枥难忘烈士心。"

1977年，一场车祸再次重创了这个多难的家庭。千帆遭受了心灵的巨创和身体的伤痛，一个月后，他的右臂骨裂

1978年8月，七个月的外孙女小燕随父母帮外公搬家，第一次来到南京城

初愈，刚刚取下石膏，就在武汉难当的酷暑中拿起笔，开始抄写、整理祖棻的遗著。在珞珈山下那间简陋潮湿的平房里，无论冬夏日夜伏案，费时一年之久，将祖棻的《涉江诗词》、《宋词赏析》、《唐人七绝诗浅释》等整理完成。

千帆在1977年12月29日给学生杨翊强的信中谈道："我的工作很忙，简直多年来没这样忙过。又恢复到57年以前，每天没有三千字不下书桌了。一以忘忧，二以赎罪，三以比武。"

千帆是有远见的，他抓紧时间完成祖棻的遗稿整理，因为在打倒"四人帮"的曙光中，他隐隐意识到科学的春天将至，今后的时间只怕是不够用了。

千帆夫妇在武大后二十年的遭遇，以及奉命退休归于街道管理的现状，引起他们的同窗好友殷孟伦、徐复、洪诚、孙望等人的愤慨和关注。在"四人帮"已被打倒，祖棻因车祸过世后，如何改变千帆作为退休居民的处境显得尤为迫切。孙望、赵国璋曾向南京师范学院领导提出了引进千帆的建议，但是未能如愿。1978年4月14日，中国语文杂志社在苏州召开了"语言工作者批判'两个估计'、商讨语言学科发展规划座谈会"，为期一周。就在这个会议期间，殷孟伦、徐复、洪诚，聚在一起讨论如何帮助老友，最后商定由南京大学语言学专家洪诚向南京大学校长匡亚明举荐，山东大学殷孟伦也在5月25日写信给匡校长，郑重推荐。千帆很快获得了母校的诚恳聘请。受聘的还有同样历尽磨难的外国文

1978年9月，昔日老友、汪辟疆先生长子汪越陪游南京长江大桥。左起：汪越、张月超、程千帆

学专家张月超。

据吴志达回忆，1978年5月，"文革"中长期担任武大党委副书记、副教务长，当时已在教育部工作的刘道玉出席了正在河北涿县召开的全国高校校长工作会议。复出不久的南京大学匡亚明校长对刘道玉说：武汉大学中文系的教师队伍很强，请你支援我们两个人吧。刘道玉问：要哪两位？匡老说：要程千帆、张月超两位先生。刘婉言道：这两位我不能答应。随后立即打电话给主持武大工作的纪辉书记：南京大学在打主意要调程千帆、张月超两先生，要想办法留住。最好派某副校长去拜访程先生，做细致的工作，一定要挽留他。纪辉同意并

1979年，千帆摄于南大校园宿舍

立即转告，但那位副校长似乎思想还没转过弯来，无动于衷，始终未见行动。

张月超（1911—1989），江苏灌云人，1933年毕业于南京中央大学外文系。他的夫人李崇义就读中央大学教育系。夫妇二人皆为祖棻大学期间的前后届同学。李崇义与祖棻关系友好，曾是宿舍室友，在祖棻的回忆中，当时几位要好的女生都非常赞成李崇义与张月超的交往，认为张月超学问好人品佳，二人郎才女貌十分般配。而张月超的女儿则听说，其父母的结合还是祖棻牵线促成。1949年4月，张月超作为国民党方随从秘书之一，参加了北平的国共和谈，谈判失败

后，张携全家去了台湾，后定居香港。李崇义自小深受其父——江苏淮阴地区著名教育家、省八中（扬州中学前身）校长李荃的爱国思想教育。1952年，夫妇二人毅然回到大陆为新中国效力，张受聘于武汉大学，李在汉口第一男中任教。1956年，李崇义曾荣获武汉市红旗教师的称号，《长江日报》用了整版的篇幅报道她的事迹。

1933年，热恋中的张月超、李崇义留影于南京鼓楼

1957年，夫妻双双被打成右派。1959年7月底，李崇义已经年近五十，体弱有病，仍然积极带领学生于高温酷暑中参加抗旱，希望能够以实际行动争取早日"摘帽"，不料在武汉东西湖农场因中暑昏迷不幸离世。当时，小女儿静园才十二岁，张月超则戴着"右派分子"和"历史反革命"两顶帽子，在孤苦彷徨、丧妻剧痛中劳动改造二十年。历史往往就像一个玩笑。张月超曾经受中共领导人之托带了一封信到香港，到了八十年代，这位二十年的"历史反革命"成为"离休老干部"，获得了南京军区颁发的大红荣誉证书，连张老都不得不自嘲"朝为阶下囚，暮成座上客"。

1978年秋，千帆回到母校重执教鞭，时光已浪费了近二十年。当时还有芜湖安徽师范学院等其他几所大学的朋友热情相邀，面对选择和今后的工作思考，千帆给老学生张实的信中写道："会昌忧患残年，以此间主者之邀，聊厕讲席。而旧学荒落，典册飘零，空腹高谈，实愧礼遇。幸秣陵乃少年歌哭之地，山川云物足以怡情。或可老死于此耳。"

千帆毫不犹豫地选择了母校，选择了加倍努力工作，要争分夺秒抢回十八年的损失。正如他与分别四十余年的老友、画家卢鸿基教授重逢时，悲欢交集地表达："相逢一笑头颅在，又向金陵作道场。"

1935年12月29日《图画时报》登载首都本届高考及格之三女士：金大毕业陶芸女士（左）中大毕业周渊如女士（中）燕大毕业陆庆女士（右）

这里的"高考"，实指当时的公务员高等考试。1935年，陶芸参加了公务员高等考试，荣获录取，因此从金陵大学肄业，前往南京外交部工作。陶芸的长子苏天纵也曾与丽则谈到过这件往事

四十年代，陶芸在南京大方巷住宅

为了更好地工作和生活，集中精力来报效祖国，回报南大，千帆决定和老同学陶芸再婚，建立一个稳定的家庭。

陶芸（1914—2004）当年与千帆同届，是金陵大学政法系学生，辅修外文。为人善良温和，读书时成绩优秀，十分活跃能干。中小学时随家人住在北京，上面有人来校视察，她常常作为学生代表发言致辞，据说有一次还接待过陈立夫。1931年"九一八"事变时，她和中学同学一起上街义卖鲜花，为抗日战士募捐。那天来到姐姐就读的燕京大学，不仅把花卖给了燕京的师生，还直接找到校长司徒雷登，得到了他的募捐。

她当年也是金大"春风文艺社"的积极参与者。年轻人热情开朗，以文会友，彼此都留下了美好的印象。

千帆在金大读书期间，才华横溢引人注目。陶芸一直记得关于他的一件趣事：在一堂全校学生选修的生物大课上，讲到人类进化现象时，老师说"动物的耳朵可以动，我们人类就丧失了这一功能……"岂料，千帆立即站了起来，报告老师，自己的耳朵就可以动，一边说一边调皮地动起了耳朵，引起哄堂大笑，同学间自然留下一段趣谈。

抗战期间在四川，他们之间也偶有联系，陶芸有一次带着孩子乘船路过乐山，专程去看望了千帆夫妇。特

别是饱经颠沛流离，初来乍到陌生的重庆城，彷徨和孤苦笼罩在每一个流亡者的心头。当时，陶芸的丈夫和千帆同在边远的西康建设厅供职，她一人在重庆外交部工作，每逢休息日就去祖棻临时租住的小屋玩耍，也会在那里吃饭。由于经济窘迫，祖棻常会为此向邻人借钱添菜，但又坚决不肯收取饭金。祖棻宁可克己也坚持待客之道给陶芸留下深刻印象，到晚年，她还常常提起此事，感慨良多。

1980 年 6 月，二人留影于济南趵突泉

陶芸的丈夫苏恕诚也是金大同学，"春风文艺社"、"土星笔会"的参与者。毕业后，他选择了从政，抗战胜利后，在国民党南京市党部任职，1949年辗转去了台湾。

新中国成立后，陶芸一直在南京任中学外语教师，一段时间还教授过语文课程。因受

1985 年 3 月，南京梅花山踏青

政治牵连，她历尽精神和生活的磨难，一人带大了三个孩子。

千帆重到南京，与陶芸取得了联系，昔日的同学之情、各自的不幸遭遇、类似的家庭环境、共同的教师生涯、相近的兴趣话题，使他们得以共同度过了后二十年愉快和谐的家庭生活。

二十年的时间里，陶芸悉心照料千帆的饮食起居，帮他誊抄、校对资料文稿，关心儿孙，关心学生，赢得了大家一致的赞美和尊重。1979年，最早出版的《涉江词稿》、《涉江诗稿》，就是由陶芸手刻的钢板油印本。

工作之余，他们漫步南大校园，相携相扶伴光阴流逝，成为许多南大人心中难以抹去的一道风景线。

双方子女也和睦相处，孝敬老人，成为一个令人羡慕的重组大家庭。

1997年秋冬之际，在南大北大楼前缅怀母校昔日时光

1998年夏天，千帆为客挥毫，老妻陶芸牵纸

23 新知旧学共论量

科学的春天携来了和煦的春风、滋润的春雨，冰雪消融，寒蝉解禁，广大知识分子的心灵渐渐复苏了。

离开了学术界二十年，1979年春，千帆又一次到昆明参加中国古代文学理论会议，新知旧雨共聚一堂，劫后重生，喜不自胜。

在这个会议上，遵循"总结、探索、突破、前进"的八字方针，大家思想解放，畅所欲言，谈诗论文，气氛热烈。查看千帆的日记得知，会期长达十二天，其中游览参观只占三天时间，有时晚上还继续讨论，老一辈人的工作热情真令今人难以望其项背。也足见十年"文革"结束，在改革开放的新时代，知识分子冲出樊笼渴望学术创作自由的热切追求与决心。

千帆留影阿诗玛石下

当时千帆感慨赋诗："赋陆评钟聚一堂，新知旧学共论量。鲰生亦有挥鞭意，未觉萧萧白发长。"

会上成立了中国古代文学理论学会，通过选举，郭绍虞先生当选为会长，千帆等二十三位专家当选为理事，并与吴组缃、杨明照、王文生、张文勋、吴文治、敏泽共七人任常务理事。在当时，这是拨乱反正后全国成立最早的学会，

157

1979 年 4 月 3 日，与会者游览大小石林。左起：彭安湘、殷光熹、程千帆、吴组缃、张文勋

2009 年，学会成立三十周年，云南大学中文系所编纪念册

因此得到了云南省政府的高度重视，省长、省委书记都出面宴请，与代表合影。开会余暇，众人结伴到路南石林游览，在阿诗玛的故乡留下了舒心的笑容。

千帆亦有《题石林》："不负当年缱绻心，苔衣犹染泪痕深。钟情万古阿诗玛，永葆青春住石林。"

时隔四十余年，许多当年参加会议的学者都相继离开了人世，可是这个在改革开放之初就成立的学会意义尤其深远，它标志着学术研究从此进入正常轨道，对中国古代文论事业的推进起了相当重要的作用。

学会成立三十年之际，云南大学中文系将那次会议的花絮编成一个册子，把大家游览石林、西山的照片合影以及各位学者即席赋诗的手迹收集在一起，作为遥远的纪念。千帆虽然已经故去，但他的女儿丽则承蒙张文勋先生相赠并保存了这份珍贵的纪念册。

千帆当年在会上与友人唱和诗篇手迹

1981年7月，山东人民出版社邀请国内古代文学专家去青岛开座谈会，研究编写中国历代著名文学家评传。

参加者均为有关高校及出版社的专家、学者，有季镇淮、徐中玉、周振甫、吴文治、陈贻焮、廖仲安、曹道衡和程千帆等。

开会之暇徜徉海滨

与老友徐中玉（左）的合影

159

与周勋初（左）参观陕西省博物馆

与金启华（右）在乾陵合影

和古代大鸟亲近一下

1982年3月下旬，千帆受陕西师范大学邀请，到西安参加霍松林教授主持召开的首届唐代文学讨论会。自1984年至1992年，千帆连任了八年唐代文学学会会长。

西安乃古都，名迹甚多，尤以唐代遗迹最为丰富，如大雁塔、小雁塔、骊山、华清池、昭陵、乾陵等，陕西省博物馆更藏有大量珍贵文物。千帆在唐诗研究方面很有成就，对于唐代西安的历史风情、名胜古迹亦熟于心，今日得以亲眼看见，收获颇丰。正是："骊宫已烬曲池堙，七十西征到渭滨。初践少陵眠食地，峭风稀柳不胜春。"特别是登临大雁塔，体会当年岑参、高适、薛据的诗人情怀，想象"下窥指高鸟，俯听闻惊风"、"五陵北原上，万古青濛濛"的场景，千帆更觉欣然，诗曰："达夫清壮岑奇峭，杜老沉雄意更哀。拾级便应登雁塔，终南晴翠扑眉来。"

1977年起，各高校先后招收硕士研究生。但由于这一工作已停顿十年，各种规章制度不全，导师们无章可循，各行其是。因此教育部于1982年5月底，在南京中山陵钟山饭店召开了研究生培养方案会议，邀请了全国重点高校主要专业的专家们参加。

1982年5月，为顺应国家改革开放的形势，国家教委季啸风司长在南京主持召开中国留学生教材编写会议，千帆参与了这个会议。会议做了初步规划，并决定于9月份移往厦门大学继续进行。9月，千帆去厦门参加教材编写会议一周，接受了主编古代文学作品选《古代文学英华》的任务。随后又接受厦门大学教授周祖譔的聘请，主持其硕士研究生的答辩会，会后周祖譔等厦大老师陪同千帆参观校园。

中国古代文学方面的专家们在钟山饭店前合影

前排左起：武汉大学胡国瑞、复旦大学王运熙、南京大学程千帆、东北师范大学杨公骥、华东师范大学施蛰存、北京大学冯钟芸。后排：南京师范大学孙望（左一）、山东大学董治安（右一）、北京师范大学聂石樵（右二）等

在厦大校园鲁迅纪念馆前留影。左起：陈尽忠、周祖譔、程千帆、黄祖良、石文英等

1982年6月，与戏曲大家、中山大学教授王季思相会于南京大学南苑宾馆

1985年9月，千帆（前排中）参加在成都召开的首届宋代文学讨论会，与部分代表合影

1985年10月中下旬，黄侃（季刚）先生逝世五十周年、诞辰一百周年纪念会，经过多方努力郑重筹备，相继在武汉大学和南京大学两地举行。

千帆由成都经重庆到武汉参加纪念会，同时接受湖北大学与武汉大学邀请，分别为两校中文系研究生讲课。

武汉的纪念会结束后，千帆随即返回南京，10月20日至25日继续参加在南京大学举行的纪念会议。

在武汉期间千帆重游黄鹤楼，作《唐多令》词云：

白日丽金秋，朱阑俯碧流，历沧桑换了新楼。筋力尚能超百级，携胜侣，豁吟眸。　　兴废念悠悠，峥嵘岁遒。问子安何日重游？笑指山川应不识，花满野，黍盈畴。

1985年10月12日，千帆夫妇在周勃（左一）以及张三夕（左二）等陪同下游览重新修建的武汉黄鹤楼

1985年10月，千帆游黄鹤楼词作《唐多令》，勒石于武汉黄鹤楼碑园

千帆（前排左四）在南京的黄侃纪念会上发言

陪同与会者游览玄武湖。左起：张舜徽、程千帆、黄典诚、于安澜

陪同与会者游览中华门。左起：鲁国尧、周祖谟、鲍明炜、程千帆

1986年4月，千帆赴洛阳，主持第三届全国唐代文学年会。会后到郑州黄河游览区游览，由洛阳去郑州途经诗圣杜甫之墓，遂往参谒。

千帆研究杜诗精深独到，对伟大诗人杜甫十分崇敬。1936年春天，他在大四年级完成的毕业论文，就是《少陵先生文心论》，自此，他对杜诗的研究可谓终生不渝。"文革"中，郭沫若为形势所需，曾撰写《李白与杜甫》一书，违背史实，扬李抑杜，一时批杜风起。千帆其时虽不得言论自由，但私下里表示出极大的愤慨。那种悲愤心情说是"如丧考妣"亦不为过，给女儿丽则留下了深刻印象。

此行一了千帆夙愿，并赋诗云：

愤怒出诗人，忠义见诗胆。
以诗为春秋，褒贬无不敢。
诗圣作诗史，江河万古流。
兹丘封马鬣，永与天同休。

杜甫墓前留影

千帆（左二）及与会者参观白居易墓园

与莫砺锋在洛阳

165

李杜泛浩浩又云天外鳳凰誰得髓無人解合繪炫
膠章蘇州亦多稱頌元微之云杜甫天才頗絕倫每
尋詩卷似情親憚渠直道當時事不著心源傍古人
又與樂天書云得杜詩數百首愛其浩翰津涯處處
知不足齋雜記卷上皆其實證逮宋以下尤極推崇
臻到始病沈宋之不存寄興而許子昂未暇旁備
黃魯直則推為詩中之史唐崇榮本事詩云羅景綸
則推為詩中之經楊誠齋則推為詩中之聖王鳳洲
則推為詩中之神吳瞻泰杜詩提要署例亦
多編纂則樊晃開其端見新唐書藝文志書箋注或王洙居其

目題 少陵先生文心論

金陵大學
文學院
畢業論文卷

學生姓名（程會昌）
系別（中國文學）
畢業時期（二十五年春季）

1936年，千帆的毕业论文《少陵先生文心论》手抄本，现藏南京大学图书馆

松花湖上。前排左起：复旦大学蒋孔阳、陕西师大霍松林、南京大学程千帆、华东师大钱谷融、北京大学陈志尚。后排为教委高教一司及吉林大学的工作人员，其中左一为千帆的研究生张辉，当时正在教委见习，随后即分往教委工作

1986年7月，国家教委在吉林市主持召开首届文科科研规划会议，千帆荣任中国语言文学学科组组长。会议之余，学科组专家们游览松花湖并合影留念。

1992年5月25日，第三次全国古籍整理出版规划会议在北京香山饭店召开，国家领导人及全国学者参加者百余人。许多长年未见的老友得以重逢，亲切交谈，极为愉快。

其中，邓广铭先生在四十年代与千帆就有交往，当时千帆在武汉大学教授《史通》课程，同时编写《史通笺记》，有一些材料很难查到，千帆就委托武大同事金克木通过邓广铭在北大图书馆寻找。邓其时为北大校长胡适的秘书，他不仅热心帮助找书，而且还布置手下人抄好寄来，给了千帆很大帮助，此事令千帆一直铭记在心。

与余冠英（左）、詹锳（中）

愉快交谈。左起：程千帆、袁行霈、邓广铭、张璋

1992 年 11 月，在厦门召开中国第六届唐代文学年会暨国际学术研讨会。左起：姚继舜、蒋寅、张宏生、程千帆、陶芸、周勋初、莫砺锋、周宁

千帆在会上演讲

会下与北京大学袁行霈（左）交流

1995年11月14日至17日，南京大学主办的魏晋南北朝文学国际学术讨论会在知行楼举行。出席的代表共四十五人，来自中国、日本、美国、瑞典、加拿大、韩国。代表们共交了四十八篇论文，大会组织了分场宣读和讨论，气氛极为热烈。

千帆在会上作了题为"关于魏晋南北朝文学研究的一点想法"的特别演讲。

为了纪念魏晋南北朝文学国际学术讨论会，南大教授周勋初特约扬州著名青年金石家张汉怡为代表们各治一枚名章，钤之长卷，以当题名录。

千帆有一方常用的砚台，跟随了他几十年。晚年作一铭云："闲堂先生之研，穷愁著书以自见。"盖其平生所著书，皆用毛笔，老而体弱，始以钢笔代文。请扬州张汉怡为刻此铭，虽已不用，亦存往迹也。

千帆存砚铭文

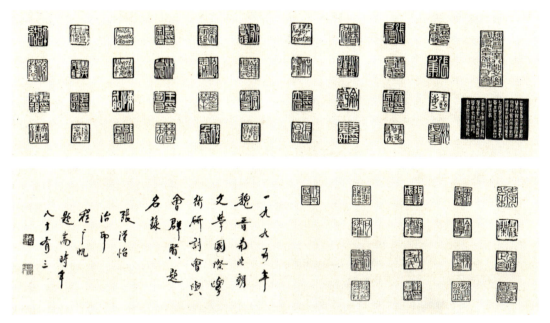

题名录卷首

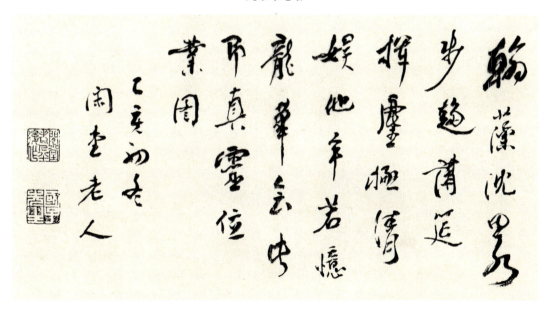

题名录上，千帆题诗："翰藻沈思如步趋，讲筵挥麈极清娱。他年若忆龙华会，此即真灵位业图。"

24 《古诗今选》与庐山

1956年的暑假，千帆一家来到避暑胜地庐山。那时各大单位在庐山都有自己的招待所，大学也不例外。千帆夫妇来到这里不是单纯为了避开武汉、南京两大火炉，而是要安心完成一部书稿的著述。他们没有住学校的招待所，而是住在了原庐山大礼堂旁边的一排有石头外墙的房子里，相邻而住的有几位大画家。根据丽则

1956年8月5日，一家三口在庐山仙人洞留影

的回忆，这部书稿应该就是后来出版的《古诗今选》，预支了部分稿费用在庐山的行程上。

身居名山大川之中，千帆夫妇却基本无暇出游，只是终日伏案工作。女儿

种瓜得瓜

送

程丽则小朋友

子恺

丰子恺赠画

丽则多是自己与小朋友在附近玩耍，偶尔也由其他大人带出游玩。记得非常清楚的是，最常在一起的玩伴是画家刘海粟的小女儿妞妞。有一次被画家丰子恺父女带到含鄱口观景，留下两张合影，之后还获赠一幅《种瓜得瓜》图。后来，丽则读到丰子恺先生1956年9月所写《庐山游记之三——庐山面目》一文，对于含鄱口游览有大段描述，虽未提及小尾巴丽则，但写到那天白雾茫茫弥漫山中，无怪乎留下的照片光线极差，影中人皆面目不清。

千帆夫妇工作之余只在附近散步，去过一次仙人洞，留下了一张合影。庐山之行也是千帆一家三口难得的一次同行远游。

虽然书稿如期完成，也交到了北京中国青年出版社，但是1957年风云突变，不仅延缓了出版，而且最终导致出版社退稿，千帆

1956年8月某日，含鄱口大雾茫茫中留下合影。丽则（右一）与丰子恺老爷爷（右二），其余人等分别为丰子恺夫人、女儿丰一吟及外孙等

返回预支的稿费。

《古诗今选》就此束之高阁二十年。后来，千帆在南京大学讲授诗学课时用作讲义，同时对原稿进行了增补删订和修改，1978年9月18日至1979年8月15日费时十一个月完成，先行由南京大学中文系刊印了"征求意见稿"。

1980年的盛暑酷热难当，在南京无法静心工作，千帆与陶芸赴庐山，找到一个价廉而又清静的客舍住下，终日伏首，对《古诗今选》进行再次校订，二十多天鲜有暇日出游。

当年夏秋之交，千帆将此书交与上海古籍出版社出版。

历史往往惊人地相似，同样的行程，同样的目的，甚至是为了同一本书，然世事变迁，三十余年弹指一挥间，无限感慨能与谁说？

在庐山期间，适逢南京《青春》、武汉《长江文艺》、江西《星火》三家杂志社编辑部在庐山举办创作讨论会，即前来邀请千帆为青年作家讲授"关于古典小说的艺术技巧问题"。课后遂与各作家同游含鄱口、植物园等名胜。

含鄱口合影。前排左一为王文生。后排左起：史明、白桦、公刘、程千帆

与著名作家白桦（左）、诗人公刘（右）相谈甚欢

千帆庐山留影

千帆、陶芸在庐山

不同版本的《古诗今选》

25 校雠学与《史通笺记》

千帆说自己的治学是从校雠学入手的。

1934年的秋天，读大学三年级的千帆跟刘国钧（字衡如）老师学习目录学，写了一篇关于目录学的论文，发表在《金陵大学文学院季刊》第二卷第一期，这是他发表的第一篇论文。随后他又陆续写了几篇，结集为《目录学丛考》，1939年由中华书局出版，成为千帆的第一本论文集。

在山东大学讲学期间，与中文系师生合影。前排：蒋维崧（左二）、程千帆（中）、殷孟伦（右二）

四十年代初，学术界对于校雠学的名称、范畴等问题的理解众说纷纭、莫衷一是。千帆开始对此进行深入思考，此后多年时间里，他一边讲授校雠学，一边将思考的结果记录充实。解放后，校雠学课程被取消，1957年后千帆又离开教学岗位达二十年。虽然无法继续完成校雠学的研究工作，但他心中始终铭记刘国钧老师的教诲与期望，他在诗中这样表达自己的心情："争关梦觉叹何曾，敬业传薪愧不能。未死白头门弟子，尚留孱魄感师承。"

"文革"结束后，劫后余存的稿子仅剩三分之一。为了带好研究生，使其打下学习古代文学的坚实基础，千帆重新开设校雠学课程，同时也重新审理旧稿。

1980年5月23日至6月23日，千帆应殷孟伦之请，到山东大学一个月，为研究生讲授该课程及治学方法，后来，南大、山大两校研究生将课堂笔记整理为《校雠学略说》。当时齐鲁书社闻讯，特前来约稿。

研究生徐有富毕业留校后，千帆不仅将讲授校雠学的课程交给了他，也将继续增补扩充、完成校雠学著

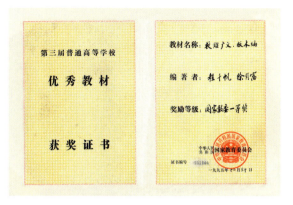

《校雠广义》获全国优秀教材一等奖证书

《校雠广义》获国家图书奖证书

作的任务交给了他。师生十余年通力合作，薪火相传，终于在1996年完成全书，1998年由齐鲁书社出版了《校雠广义》四卷本。这是我国第一部全面论述校雠学的实际操作方法的教科书，有着重要的实用价值和意义，有学者誉其为"校雠学

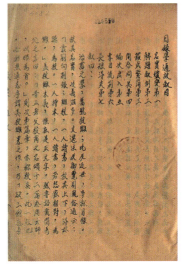

1939年，中华书局出版的《目录学丛考》

千帆任教武汉大学时所用的《目录学》油印讲义

1998年，齐鲁书社出版的《校雠广义》

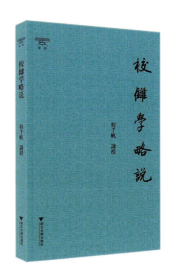

2022年，浙江大学出版社出版的当年研究生听课笔记《校雠学略说》

2020年，中华书局出版的《校雠广义》（修订本）

重建的奠基之作"。

此书曾荣获第三届国家教委优秀教材一等奖，第四届国家图书奖，至今仍被不少学校用作研究生教材。

1945年抗战胜利之后，千帆第二次来到武汉大学任教，当时他开了一门专书研究的课程，即《史通》。同时，他开始以浦氏的《史通通释》为底本，进行增补、纠错，为《史通》作注。

1959年秋，千帆由蕲春八里湖农场回到武汉大学，在校内农场继续劳动改造，1961年因病在家休养，生活相对安定，他又开始悄悄重拾旧业，并于年底将手批《史通通释》稿整理为《史通笺记》。

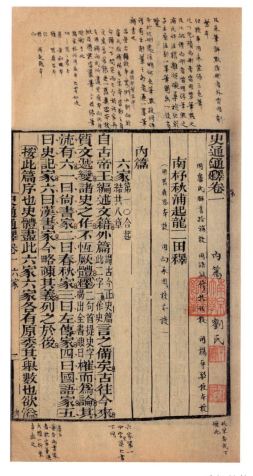

千帆批校《史通通释》

1980年12月，中华书局出版的《史通笺记》

1966年，"文革"爆发，学校里一片混乱，各处抄家成风。千帆的书稿、笔记本，部分家藏字画等等也被通通带走。书稿的失去对千帆是很大的打击，其中就包括《史通笺记》。

过了几年之后，突然有人在中文系发现了这些书稿，被扔在红卫兵废弃了的一口大锅里。面对珍爱之物失而复得，千帆心中五味杂陈，瞬间表现出来的却是长久绝望后的漠然。很快，千帆调整心绪，又提起笔，重新开始抄录备份。乱世之中这样的不幸之幸，亦非人人可遇。

1980年12月，《史通笺记》在中华书局出版，后收入《程千帆选集》、《程千帆全集》。

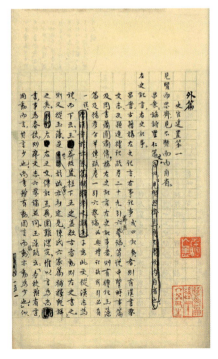

《史通笺记》手稿。左起：1961年一稿，1980年二稿，1980年二稿扉页

26 讲学之旅

自恢复高考后，青年学子得以进入大学学习，一时读书风气极盛。高校中很多中青年教师离开讲坛多年后重执教鞭，深深感到自己所学已经停滞甚至忘却在荒废的年华中。面对新形势的突然降临，面对无数上山下乡青年涌进大学校门求知的局面，他们不免为自己的知识流失感到惶恐，也极想有机会好好提高。

于是上海华东师范大学由徐中玉教授主持，在1980年5月开办了中国古代文学批评史师训班。许多大学教师前往参加培训，学员遍布全国各地，听课人众，授课的人亦多，千帆也受徐中玉的聘请前去讲课。

师训班办得很成功，影响很大，所出集刊《古代文学理论研究》发行至今。

办学期间，复旦大学一级教授郭绍虞大师来培训班探望师生，千帆等前往参谒并合影留念。左起：徐中玉、郭绍虞、程千帆

千帆一贯主张教学科研并进，十分重视大学生的本科教育，关心中学生的基础教育。1980年1月22日，他应徐州市教育局及徐州师范学院之邀，给市里的中学语文教师作了一场报告，徐师中文系的学生也踊跃参加，走廊上都挤满了人。弟子张宏生当时是师范学院的学生，对此场面有深刻记忆，对千帆"欲把金针度与人"的提法和实际传授更是念念不忘。

　　安徽师大创办的《学语文》是一本面对中学语文教学的杂志。创刊于1960年，连续7期后，时逢三年困难时期被迫停刊。1983年7月复刊，在这一期复刊号上，赵朴初题刊名，唐圭璋作《如梦令》词，登有王力、吕叔湘、吴小如诸多大家的文章，足见当时整个社会以及著名学者们在饱受十年冲击之后，对语文基础教育的一致高度重视。而其中千帆的文章《对中学语文教学的一点意见》当是最有针对性的。千帆的教育观点一以贯之，早在八十年前，当千帆还是一位青年讲师时，就曾经写出了针对"大学中文系教学之蔽"的文章。

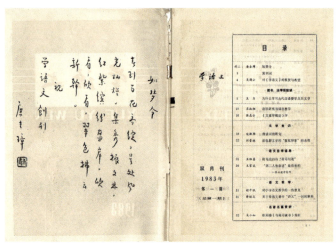

1983年，中学语文教学杂志《学语文》复刊号

八十年代，为了进一步促进省际交流，提高、加速少数民族地区的文化发展，江苏省和广西壮族自治区曾有多方面的文化交流协定。

1981年4月上旬，千帆亦奉派前往广西省会南宁市，参加南宁师范学院举办的高校教师讲习班，讲授诗学。在新形势的鼓舞下，知识分子的学习热情尤为高涨，特别是那些正欲大展宏图的青年教师。

因此，各地报名参加讲习班的教师很多，他们来自山西、湖北、湖南、贵州、云南、广东及广西各地市，共二百余人。课时长达一月，直至5月上旬始讲授完毕。

在南宁讲学期间，千帆遇见不少武汉大学当年的老学生，相见甚欢。除同游南宁各胜地并酬酢外，还与他们座谈，解答一些问题。

千帆在南宁讲学时的留影。千帆授课口若悬河，神采飞扬，可见一斑

与当年武大老学生座谈时所摄。左起：何文白、韦其麟、程千帆、林焕标

千帆与陶芸在南宁师范学院校园

181

1984年3月17日，武汉师范学院邀请千帆赴湖北黄州赤壁游览，在苏东坡塑像前留影。武汉师院教授朱祖延（左二）、程千帆（左三）、武汉师院党委书记李成文（左四）

劫后余生，故人故地重逢，何其欢畅。千帆与朱祖延

1984年3月，千帆到武汉参加全国古代小说理论讨论会。并在会上作了"从小说本身抽象出理论来"的报告。

会后又给武汉大学研究生做学术报告，给武汉师范学院（当年八月更名为湖北大学）研究生讲课，与武汉师范学院的院、系领导及研究生导师分别座谈。

章子仲（1923—2023）系祖棻在四川大学任教时的学生，与祖棻的得意门生宋元谊为同窗好友。1957年后任教武汉师范学院，与千帆夫妇保持联系。特别是千帆应邀到武汉师范学院讲学期间，来往尤密。当时，千帆鼓励章子仲写作沈祖棻传记，并给予了许多珍贵的一手资料。初稿完成后，千帆又详细批改。1989年，章一去美国十年，传记一事因种种原因搁置。直至2004年春节，八十高龄的章子仲在女儿的鼓励帮助下，对所写传记进行了适当的修改规整，2004年10月在美国溪流出版社出版，书名为《北斗七星——沈祖棻的文学生涯》。2014年，由当代中国出版社在北京再版，书名改为《易安而后见斯人——沈祖棻的文学生涯》。

1984 年初春，千帆与老学生章子仲（右）

章子仲著作分别在美国、北京出版

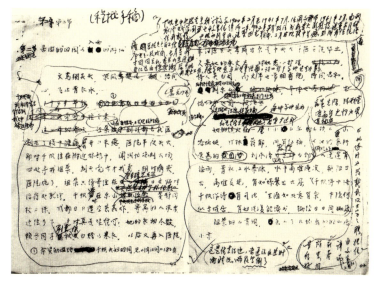

千帆为章子仲的
初稿所作批改

1985年12月，千帆再赴苏州，参加苏州大学教授钱仲联指导的博士研究生答辩会。为研究生作学术报告。答辩会后，受钱仲联邀请与上海华东师范大学教授王元化等同往常熟市，游览其家乡。

千帆夫妇与王元化夫妇（右）合影

与钱仲联（右）在常熟钱牧斋墓前留影

184

1996年5月，千帆到武汉参加《中华大典》审稿会，武汉大学、湖北大学两校中文系听闻，皆来邀请千帆前往作学术报告。

漫步在湖北大学校园。
左起：程千帆、陶芸、周勃、张春晓

在武汉大学作报告之后，师生四代同堂合影。左起：陈文新（吴志达的研究生）、吴志达（千帆的研究生）、程千帆、欧阳峰（陈文新的研究生）

2011年4月，丽则前往湖北大学，看望父母的老学生章子仲（中）、周勃两位老教授

27 秦淮漾新暖
朋自远方来

中日两国一衣带水，文化交流自古密切，特别是中国的许多传统文化在日本都得到很好的保存和发展，故中日两国的学者也往来频繁。千帆一贯提倡和重视国际间的学术交流，曾和孙望等合著《日本汉诗选评》，与许多日本汉学家保持通信和交往。

1980年，千帆就接待过日本波多野太郎教授的来访，并有诗相赠：

> 秦淮漾新暖，朋自远方来。
> 奋翼一泓水，冲寒几驿梅。
> 白头倾盖晚，青眼及春回。
> 千载风流地，君宜数举杯。

并相赠家藏画作一幅，乃清朝贵胄子弟溥儒赠千帆父亲穆庵先生的。画上题有：

> 穆庵仁兄属
> 乙未孟陬西山逸士溥儒

溥儒画作

溥儒，字心畲，号西山逸士。生于北京，为清宣宗曾孙，原姓爱新觉罗，光绪帝赐名。曾留学德国。诗文书画皆有成就，与张大千有"南张北溥"之誉。

千帆转赠波多野太郎时，特书写了黄庭坚诗一首：

韩生画肥马，立仗有辉光。
戴老作瘦牛，平田千顷荒。
觳觫告主人，实已尽筋力。
乞我一牧童，林间听横笛。

心畲此作，深可玩味，余与太郎皆臻悬车之年，今以先君旧藏兹幅奉贻，因书其上，太郎见之，当有会心。壬戌二月，千帆题。

波多野太郎于2003年去世。最终，这幅作品由日本又流回中国，现身拍卖市场。

日本留学生横山弘，在南大学习数年，曾认真听千帆为研究生讲授的《杜诗》课，并全部录音带回日本。在宁留学时，他还常常向其他学校的专家教授请益。回国后，横山弘任日本奈良女子大学文学部教授，仍与南大联系不断，多次于暑假期间率领日本大学生来南大短期进修。

1981年12月，横山弘拜见千帆时，在家中合影。左起：横山弘、程千帆、孙望

1986年10月30日，日本学者松冈荣志（左）来访。松冈荣志翻译了千帆的《唐代进士行卷与文学》在东京出版，书名《唐代的科举与文学》

1989 年 3 月，千帆生病住
院期间，日本松浦友久教授（左）
率学生寺尾刚（右）来江苏省人
民医院拜访

1990 年 11 月，日本教授
村上哲见（右）及其学生成田
静香（左，1989 年 9 月毕业
于南大的留学生）来访合影

1992 年 11 月，在厦门
召开的中国第六届唐代文学年
会暨国际学术研讨会上，与日
本三重大学两位女教授合影

钱歌川（1903—1990），原名慕祖，笔名歌川，湖南湘潭人。著名的散文家、翻译家。1939年自伦敦回国到武汉大学等校任教，1947年春，前往台北创办台湾大学文学院并任院长。七十岁以后移居美国。

四十年代，钱歌川与千帆同在乐山武汉大学任教，一度在乐山学地头的小山丘上比邻而居，谈学论文相处甚得。钱歌川教授英国文学，对英语语法有很深的研究，出版过好几本这方面的书，极为畅销。

1982年6月，千帆得钱歌川来函，知其已由美返国抵宁。翌日，即与陶芸前往丁山宾馆造访。往事如歌，悠远不绝，四十年后再度相晤，皆垂垂老矣。

当年，千帆曾有诗记录二人论文之乐：

涉足词林百态新，要归文术贵清真。曾闻杜老分明语，不薄今人爱古人。

到眼横流看欲尽，隔帘斜日已无多。他时纵有还京乐，犹为今宵唤奈何。

与钱歌川（左）在宾馆门口合影留念

6月4日，书画展出开幕式上，千帆（左三）兴致勃勃参观画展，并与佘雪曼（左四）愉快交流

老友重逢。左起：张月超、佘雪曼、程千帆、陶芸

佘雪曼（1908—1993），字莲裔，香港著名书画家。

佘雪曼毕业于中央大学艺术系，1949年始，移居香港四十余年。1950年在香港建立"雪曼艺文院"，从事书画创作及教学。

1982年初夏，佘雪曼应国家文化部之邀在中国美术馆举办个人书画展览。随后，又以南京大学老校友的身份应南京大学与江苏省文化局邀请，来宁在江苏省美术馆展出个人书画。

抗日战争期间，千帆和佘雪曼皆任教于四川大学，在成都结邻而居，相处和悦。几十年不见，今乃知其在香港自办"雪曼艺文院"，教授为生，桃李天下，颇著声誉。佘尤精"瘦金书"，而小变其体。因别号莲裔，故称其体为莲体。

佘雪曼为涉江词人手稿册题念

佘伯伯赠丽则条幅，赞其父母"日月齐光"

190

1983年1月，国务院古籍整理出版规划小组正式委托南京大学承担《全清词》的编纂任务，聘请千帆担任主编并组成《全清词》编纂研究室开始工作。

1985年5月，加拿大华裔词学家叶嘉莹应南京大学邀请来校讲学。叶嘉莹对词学很有研究，著有《迦陵文集》十册，又是《全清词》的学术顾问。故讲学后即接受邀请来《全清词》研究室参观，并与研究室全体成员合影。

千帆与叶嘉莹
进行学术交流

左起：史梅、屈兴国、尹志腾、程千帆、张宏生、叶嘉莹、严迪昌

191

潘重规（1907—2003），字石禅，江西婺源人，黄侃先生的女婿。毕业于南京中央大学中文系，一生中担任过海内外许多大学的教授，他长期致力于黄侃学术的研究、传播，并在敦煌学研究方面做出了重大贡献。

1990年10月，千帆因心脏房颤病复发，住入江苏省人民医院治疗。老友潘重规自台北赴敦煌开会，会后枉道来宁过访。同门学友，分隔海峡两岸几十年，尚能在生前重逢相聚，喜莫大焉。

1990年10月20日，千帆在病床上与老友合影

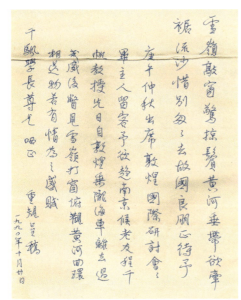

潘重规即日赋诗相赠："雪岭敲窗惊掠鬓，黄河垂带欲牵裾。流沙惜别匆匆去，故国良朋正待予。"

潘重规来书，悼念涉江词人

千帆作诗六首奉赠，其一、二两首云：

西风破睡入匡床，斗室孤呻亦自伤。失喜故人归故国，不遑颠倒著衣裳。

八十犹堪事远游，敦煌访古气横秋。前身未必梁江总，重到秦淮也黑头。

时潘先生任台湾文化大学教授，年龄已八十有三，而身体健康，为学术工作依然长途奔波不辞辛劳，令人感慰。

1994年12月，美国陈纳德将军之夫人、华裔著名学者陈香梅女士来南京大学讲学，并受聘南京大学名誉教授。12月29日，南大举行授予仪式，千帆也参加了典礼。会后同摄此影。

前排：叶子铭（左三）、陈香梅（右五）、校长曲钦岳（右四）、党委书记韩星臣（右三）、程千帆（右二）

193

1998年4月，著名文史艺术专家、香港中文大学教授饶宗颐来南京大学讲学，被授予名誉教授，并参观南大博物馆（当时尚在筹建中）珍藏的书画精品。千帆因年老体弱不能陪同，故在南大外事办公室与之会面并留影。

前排：饶宗颐（左一）、程千帆（左二），周勋初（后排右一）

大陆、台湾骨肉相连，几十年的封锁一旦解禁，亲人朋友之间的心情可以想见。千帆不仅与尉素秋、潘重规等昔日老学友喜得重聚，而且与台湾学术界的同仁，包括年轻人也建立了联系。

1999年5月11日，门人张伯伟、程章灿陪同台湾政治大学中文系教授唐翼明来访。

唐原是武汉大学研究生，赴美国获得哥伦比亚大学博士学位。曾在纽约办报纸，后去台湾任教。这次是应南京大学中文系邀请来做学术报告。

1990年7月，弟子张宏生（右一）陪同台湾国文天地社连文萍、林庆彰、叶晓珍来访

1999年1月28日，台湾学者林庆彰（后排右二）、蒋秋华、杨晋龙、张寿安、赖贵三、黄智信六位先生来访，交谈两岸文学发展情况

左起：唐翼明、程千帆、张伯伟、程章灿

28 喜晤旧友 白首聚欢

与莫砺锋（右）、陈植锷（左）在苏东坡塑像前合影。陈系杭州大学研究生，不幸英年早逝

抗战胜利离开四川后，千帆夫妇经常怀念在成都数年相对平静的生活，以及根植于那片土地的深情厚谊。晚年，千帆一直有重返成都的愿望，他经常说"人在离开这个世界之前，要去曾经生活过的地方走一走，叫做'收足迹'"。虽然他的想法并非传统中的迷信之说，但他希望能在生前再次流连那些寄居过的山水，看看那些一别难见的挚友，却是千真万确的。

1985年9月，千帆赴成都参加全国宋代文学讨论会，莫砺锋同往。

大会闭幕后，代表们共往乐山参观大佛。途经眉州三苏祠，遂进入瞻仰。

抗战中四川的大地和人民为全中国做出了极其巨大的贡献。虽"蜀道难，难于上青天"，但那里山水广袤，人杰地灵，尤其成都平原物产丰富。这片了不起的土地不仅奉献了最勇敢的川军，而且保护了广大西迁的知识分子，也在精神上滋润了他们。

　　抗战生活极其艰难，为工作四处奔波，千帆、祖棻曾先后在成都金陵大学、华西大学、四川大学等校任教，与四川学者过从甚密，结交了许多川籍好友，与其中一部分人的友谊延绵终身，如叶石荪、陈孝章、刘君惠、萧印唐等。

　　四十年过去，历经风风雨雨、世事变迁，这次重来成都参加会议，幸存的老友和老学生均来看望，白头相见，不胜唏嘘。

参观成都桂湖杨升庵纪念馆。左起：王文才、纪念馆馆长冯修齐、刘君惠夫人、程千帆、陶芸、萧印唐、刘君惠

为眉山"东坡饭店"园林题名

故人相聚
第一排左起：赵幼文、程千帆、陶芸、刘君惠，王文才（二排中）、刘国武（二排右一）、王仲镛（三排左二）、李国瑜（三排右一）

老学生约游青城山，其中王淡芳（左二）、刘彦邦（右二）两人和千帆（左三）保持书信往来不断。千帆和祖棻以前写给王淡芳的书信，他都精心保存并寄还给千帆，因此后来才得以面世

刘君惠（1912—1999），四川人，训诂学专家，四川师范学院教授。千帆夫妇与刘君惠交好于成都金陵大学，夫妇二人一度租住在成都光华街85号刘君惠岳父的房子里，刘君惠当时也住在岳父家中，双方过从甚密。刘为人热情豪爽，经常召集聚会，众人则你吟我唱、一醉方休。千帆回忆：旅寓成都三年，极平生唱和之乐。祖棻也有诗为证：

赌酒催诗夜宴频，草堂花市趁良辰。
锦城一别交游散，长忆风流旧主人。

1986年，刘君惠寿千帆联，对千帆的学术成就评价极高，由徐无闻先生篆书。跋云：

千帆贤长兄博综文史，囊括九流，辨章风谣，曲通万象，考索淹博，识断精严，真能开昔人未有之境，令庖丁废其踌躇，为斫轮言其甘苦。词人之圭臬，作者之上驷，烛照之匠，卓然名家矣。因缀瓯北句为联，请徐无闻兄引书，以为千秋之祝。一九八六年丙寅长夏，君惠题记。

寿联：生面果能开一代，古人何必占千秋

徐无闻（1931—1993），四川成都人，毕业于四川大学，西南师范大学中文系教授。著名的学者型书法家、篆刻家和书法教育家。

1986年夏，丽则游四川，与刘君惠夫妇、王文才（右二）等合影于成都光华街85号当年父母租赁的房间之外

1986年12月至1987年3月，湖北大学邀请千帆为该校中文系青年教师及研究生讲授校雠学及诗学。

适著名作家姚雪垠亦在武汉。过去千帆在武汉大学任教时，和文艺界接触很多，与姚雪垠亦有来往。1978年离开武汉后，仍互通信息，互赠著述。

其时姚雪垠住在北京，继续撰写《李自成》，因有事来到武汉，千帆遂往探望。两人对各自所著的《李自成》和诗学论文相互交换了意见。姚雪垠亦曾到湖北大学回访。

《李自成》五卷，后于1999年全部出版，而姚雪垠却在之前已辞世，未及见其四、五卷之出版，可叹！

寒假期间，丽则带女儿小燕前去探望。除夕日同
游黄鹤楼，祖孙合影

与姚雪垠（右）交谈

千帆在湖北大学期间

1987年10月4日，老友常任侠来访，令千帆喜不自胜。

常任侠（1904—1996），著名艺术考古学家、东方艺术史研究专家、诗人。

三十年代，千帆与常任侠、孙望、汪铭竹、滕刚等在南京组织土星笔会，自费出版《诗帆》半月刊。诗屋设在南京鸡鹅巷汪铭竹居所，大家意气风发，时常聚会，热情创作，交流体会，结为一帮志趣相投的好朋友。四十年后，千帆有诗怀念当年：

土星诗屋久烟埃，童子雕虫也费才。莫厌鸡鹅恼邻里，此生无复踏莓苔。

抗日战争爆发后，众人流寓各地，从此难得一见。

常任侠来自安徽颍上，系明朝开国元勋常遇春后裔，解放后一直在中央美术学院任教授。当时正逢南京师范大学附中校庆八十五周年，八十四岁的常老作为杰出校友，专程从北京来宁参加校庆活动。他兴致勃勃，精神矍铄，重游了金陵的山水风光，拜访了昔日志同道合的诗友。

常任侠（左）来访

常任侠看望孙望（左）

中国民主同盟中央委员会

孙望同志：
　收惠函敬悉，在重庆以
摄照片 如曾林味宗和
徐希奉一份，请收到即
复。《诗帆》选诗我愿
担任，您处保存全套，请
复印一份，印费多少希
见示。近日脚腫住
医院，匆匆不尽欲言。
即祝
教祺
　　　常任侠
　　　1987.11.2.

常任侠给孙望的信，有关选编《诗帆》作品一事

1937年两期《诗帆》杂志封面

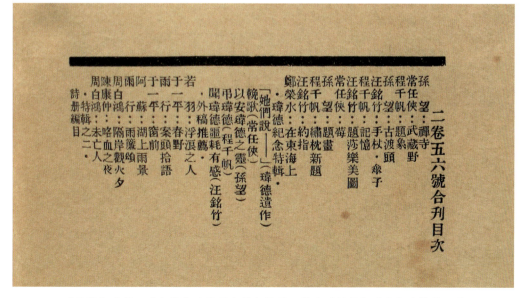

《诗帆》成员、青年诗人玮德不幸英年早逝。此为《诗帆》玮德纪念特辑目次

1997年5月9日，老友曾卓和夫人从武汉来访。

曾卓少年时代就投身抗日救亡运动，是著名的诗人，也曾是一名蒙冤的"胡风分子"。

解放初期，曾卓一度在武汉大学兼课，后任《长江日报》副社长，武汉市文联副主席。二人既为同事又在文艺界集会上经常见面，千帆在青年时代也喜欢写作新诗，故而相互论诗谈文，颇为契合，时有往来。

五十年代中期，各自蒙难自顾不暇达二十年。后来虽然远隔千里，难得一面，一旦重逢，畅叙旧情，真是有说不完的话。

1997年10月，著名学者、《中国文化》主编刘梦溪和夫人——作家陈祖芬来访。两位先生相知已久，但缘悭一面。这次会面自然令人非常高兴。

1997年11月18日，湖北文艺界的老友骆文和夫人王淑耘来访。骆文先生是著名诗人，淑耘夫人是《长江文艺》的老编辑。五六十年代，千帆在武汉经常参加文艺界的活动，与他们二位过从甚密。

"文革"期间，千帆又与骆文同在湖北沙洋放牛，一放就是七八年，壮牛垂垂老矣，千帆曾写过一首《破角诗》，赞美和哀叹他放牧过的一头老牛。牛老一月，人老一年，当时他们虽然年过花甲，但是都没有消沉。这次重新见面，更是耄耋之年，而骆文却对千帆说："我们已到生命落花期，然仍有现蕾之情。"大家都会心地笑了。

曾卓夫妇（左）与千帆夫妇

左起：陶芸、刘梦溪、陈祖芬、程千帆

左起：王淑耘、程千帆、陶芸、骆文

29 第一个文学博士

自1977年全国高校恢复高考之后，继而又恢复了招收硕士研究生。

千帆也于1979年7月招收了徐有富、莫砺锋、张三夕三人。这是五十年代离开教学岗位后，首次招收研究生，千帆的心情很激动，迫切期望能培养出一批优秀的接班人。因此，他对学生要求极严。每学期除要上几门课，通读几本经典著作外，每周还要汇报学习心得，并为他们讲授治学方法，解答各种疑难问题，生活比较紧张。四十年后，莫砺锋在回忆自己的"读研生涯"中谈到了当年的寒窗苦读：他和张三夕同一宿舍，床对床桌靠桌，黎明即起，夜半熄灯，除了一日三餐，二人便是面对面读书，其间基本不交一言。夏日挥汗如雨，冬日缩头袖手，唯一的运动是晚饭后不超过半小时的散步，难得的交流只是熄灯上床后的几句闲话。三十岁的老莫固然

1979年，老成持重的老莫在安徽大学

1980年，青春灵动的小张在杭州飞来峰翠微亭下

老成持重、少言寡语，二十多岁的小张可是青春活泼，擅长交际，但就是在这样的自律中，数年一日，他们终于在知识的瀚海中练就了超强的遨游本领。

1980年4月20日，是一个晴好的周日，千帆率三生及家人到南京近郊栖霞山春游。只见春红叶茂，层林碧染，杜鹃盛开，一派春日里的大好光景；栖霞寺香烟袅袅，钟声悠扬，让人仿佛置身红尘之外。

久居闹市，一时接近大自然，在繁忙的工作中身心得以放松，师生都特别高兴。

其中，一段小插曲令人紧张又好笑。

一次快乐的栖霞之游。左起：程丽则、小燕、程千帆、莫砺锋、陶芸。千帆穿着一件丽则在武汉工厂时所发的工装，在当时可谓既时髦又休闲

栖霞山林中师生合影。左起：徐有富、张三夕、程千帆、莫砺锋

围观在栖霞寺的舍利塔下，大家仔细欣赏上面的雕像与文字，两岁多的外孙女小燕子乘人不备，自行走动。大家突然发现她不知去向时，急忙紧张地四下呼叫寻找，幸而很快又在附近将她寻得，原来她跟在其他人的后面走到另外一处去了。

丽则与早早、小燕
母女三人休憩图

徐有富的一组诗记录了当天的情景：

小燕子手捧杜鹃花

一、相携

栖霞庙会人如潮，白发教授兴致高。
燕燕展翅初试飞，九人相携登山道。

二、早早

手采杜鹃眉眼笑，早早走路喜欢跳。
问你春天在哪里，就在自己身上找。

三、留影

蝉鸣鸟雀噪，偷空写小调。
独坐树丛里，镜头对我瞄。

四、谈诗

草木诚坚瘦，篱眼如蜂巢。
投身自然界，方知诗句妙。

五、野餐

程老切面包，师母厨艺高。
爬山归来后，更觉味道好。

1981年7月，教育部召开全国高等学校专家会议，评选第一批博士生导师，经过严格的推荐、审核，千帆位于其列。随后建立的中国古代文学博士点是南大中文系的第一个博士点，也是恢复研究生招生制度后的全国首批博士点之一。

1981年底，千帆教授的三位硕士研究生毕业。次年春，经过考试，选拔莫砺锋为博士研究生，攻读中国古代文学博士学位。第一课，千帆即告以"敬业、乐群、勤奋、谦虚"八个字为训，以后对所带各届博士研究生也都以此要求。

莫砺锋学习勤奋，作风严谨，稍有不明，随时请益。经过三年的刻苦学习，1984年12月莫砺锋获得博士学位，成为我国自己培养的第一个文学博士。

2023年4月，在庆祝徐有富八十寿辰大会上，三位师兄弟又一次合影。左起：莫砺锋、徐有富、张三夕

1984年12月，中国第一个古代文学博士莫砺锋的论文答辩会。答辩委员前排左起：管雄、傅璇琮、霍松林、钱仲联、徐中玉、舒芜、程千帆、周勋初

千帆指导莫砺锋读书

　　1997年，继千帆、周勋初两位老师之后，莫砺锋成为南京大学古代文学学科带头人。他所带领的学科，全体中青年教师积极继承前辈的优良传统，成为一个实力很强的学术团队，在全国同行中享有盛誉。

　　1989年6月中旬，千帆所带博士生张宏生、曹虹、张伯伟、程章灿相继进行论文答辩。答辩委员会的导师除千帆与周勋初、吴新雷等教授外，还聘请了上海复旦大学章培恒，南京师范大学孙望、郁贤皓等校外教授。

当时条件简陋，亦不追求外在形式，千帆自书答辩会横幅

1989年6月14日答辩会结束，各位教授与博士生合影留念。后排左起：周勋初、郁贤皓、程千帆、孙望、章培恒、吴新雷。前排左起：张伯伟、张宏生、曹虹

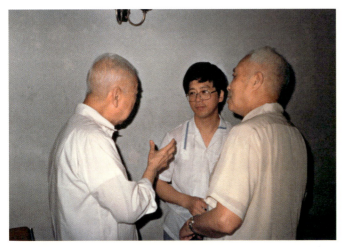

答辩会上，张伯伟向千帆、吴调公（右）二位老师请教

1988 年 3 月 22 日，蒋寅在答辩会上

1990 年 12 月 19 日，巩本栋答辩会后与程千帆、周勋初两位导师合影

30 同仁共事十二年

千帆1978年来到南大，1989年正式退休，在职工作十二年。

1981年，南京大学中文系建立了古代文学博士点，为了有利于研究生转益多师，广泛吸取知识，同时教学相长，进一步提高教师水平，千帆特邀当时的四位副教授共同组成了学术梯队，以便更好地指导研究生的学术成长。

中文系古代文学教研室在八十年代中期，有中年教师及老教授十余人，大家

梯队成员在一起讨论工作。左起：吴新雷、周勋初、程千帆、郭维森、吴翠芬

团结一致，生气勃勃。教研室主任吴新雷在千帆的建议支持下，积极组织文艺沙龙，众人不定期地聚会一堂，畅所欲言交换心得，既活跃了学术空气，又增进了同事感情。

1987年，以千帆为带头人的南大中国古代文学专业被国家教委评为第一批全国重点学科，当时，全国该专业享此殊荣的只有北京大学和南京大学两家。

1999年千帆曾经说道："这张照片（下图）对我是很珍贵的，因为其中好几位已经辞世。"光阴流逝，如今，影中人绝大部分已先后离我们而去，照片自然更觉珍贵。

1983年12月29日，中文系行政暨学术委员会召开全体会议，同时党总支宣布新一届系行政领导名单。右起：郭维森、陈瘦竹、陈白尘、吴白匋、张月超、程千帆、王气中、祁蔚（党总支书记）、叶子铭、周勋初、许惟贤、许志英、包忠文

　　1985 年 11 月 26 日下午，举办了一次成功的沙龙活动，参加旁听的研究生、本科生多达六十人。会后同仁及研究生在系小楼会议室合影。前坐者左起：程千帆、王气中、陈瀛、管雄。后立者左起：钱南秀、吴翠芬、郭维森、周勋初、杨子坚、王立兴、吴新雷、周一展、莫砺锋、张伯伟。墙上"文艺沙龙"字样为千帆所书

　　1991 年 12 月 21 日在系里讨论学科建设。左起：卞孝萱、程千帆、周勋初、郭维森、莫砺锋

1978年，千帆与陈白尘先后受匡亚明邀请来到南大中文系任教，二人惺惺相惜，关系融洽。

陈白尘（1908—1994），我国著名戏剧家、南京大学教授。

1994年5月，陈白尘不幸逝世，9月，其家属请千帆为作碑。千帆应允，所作碑文概括地介绍了陈白尘奋斗的一生，高度评价他的创作成就和为人品格。记述了陈白尘晚年的重要贡献，即在南京大学主持话剧文学，为中国培养了首批戏剧学博士。

录其中部分碑文如下：

……惟真理之是从，不曲学以阿世，自弱及耄，终身以之。四凶既殄，禹域重光，君受聘南京大学，传其戏剧之学，我国话剧之有博士，盖自君之培育始。而创作激情，弥抑弥扬。所作《大风歌》、《阿Q正传》二剧，尤臻极致，殆所谓文章老更成者……

陈白尘之墓碑碑文，程千帆撰，万业馨书

千帆并写信恳请远在北京的万业馨书丹，以传久远。

其时，万业馨已于1994年夏由南京大学调往北京语言文化大学工作，她为人正直，学问扎实，精于书法，同时擅长体育、烹饪。与千帆长期保持着亦师亦友的良好关系。

千帆再度出来工作时已六十五岁。虽历经磨难，年事已长，而雄心犹在，亟思将失去二十年的时间补回来。到南京大学后，他一直处于高负荷运转之中，除每周上几门课，带研究生外，还要把思考已久的各项研究成果写成书籍。另外，学校工作、社会工作、接待来访也相当多。仅书信往来一桩就不胜繁多，观其日记所载：

1983年，在家中书房

1979年4月9日，发信16封。（注：凡收发信件皆记录姓名，此处略）

1979年6月4日，发信20封。

1979年9月13日，收信12封。

1979年9月14日，收信14封。

1979年9月24日，收信14封。

1979年10月1日，收信12封。

1980年1月9日，发信9封。

1980年2月1日，收信16封。

1980年2月5日，发信8封。

1980年2月6日，发信8封。

1980年2月7日，发出《理论史大纲》9封。

1980年3月1日，收信8封。

1980年3月3日，收信9封。

以上记录，为一年中比较典型的情况，其实每天收、发各三五封信件，都是常态。这些往来信件尽为工作之需，属于亲情友情联络的不到十之一二。

1993年2月，万业馨、王志良夫妇看望千帆并合影

1993年春节在汉口路家中，瓶中银柳正盛

繁忙的工作需要有健康的支持，千帆由于过度劳累，心脏已经出现了病灶。故邀请万业馨老师教授其太极拳，每天练习，取得一定成效。

1983 年，千帆在汉口路 52 号宅院中打太极拳

1987 年春，一段繁忙的工作之后，某日下午，千帆携陶芸、史梅（时为"全清词"工作人员）到东郊梅花山一游。漫步林中，千帆一时童心大发，史梅便拍下了这张有趣的照片，后千帆又在照片下题字"老夫聊学少年狂"

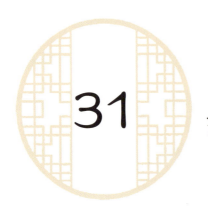

31 扶上马送一程

1989年，千帆正式退休，他给校党委写了一封言辞恳切的信，表示自己高高兴兴地让路。并在退休之后，还要为学校做三件事：

第一件事，是为前妻沈祖棻设立一个奖学金，从他整理出版的祖棻遗稿的稿费中取出一万元，为南大中文系本科生设立了"沈祖棻奖学金"。并赠送《沈祖棻创作选集》（人民文学出版社）一百本，题词盖章留念，作为奖品分赠给历届得奖学生。

第二件事，是将家中保存的字画捐献给国家。千帆家学渊源，诗书传代，自祖上就收集了不少名家珍品。可惜其中许多丢失在抗战和"文革"时期。余下者，千帆将其分别捐给了江西、四川两省博物馆以及湖南岳麓书院。另外有几十件，属当年中央大学、金陵大学的师友送给千帆夫妇的作品，全部捐给了南京大学图书馆。

千帆参观捐赠书画展出时签名

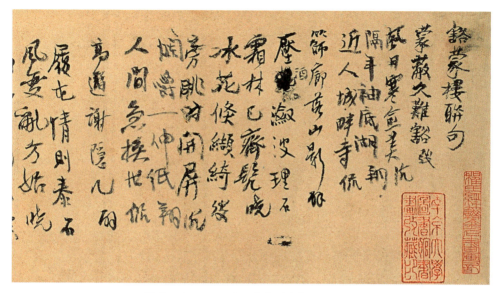

捐赠品之一——《豁蒙楼联句》（局部）

1990年6月23日，南大举行了三十八件书画作品的交接仪式，同时举办捐赠书画之展览。其中《豁蒙楼联句》，系1929年元旦中央大学文学院黄侃、陈伯弢、王伯沆、胡翔冬、胡小石、汪辟疆、王晓湘诸位先生聚会南京鸡鸣寺，面湖畅饮，联句唱和即兴之作。当时七位先生每人一句，拿起寺中一支秃笔挥就。此件本来保存在黄侃先生手中，后传给其侄子——武汉大学语言学教授黄焯，黄又转赠祖棻，此后一直保存在千帆夫妇手中。此文物对于南京大学有着相当重大的历史意义和价值，被南大图书馆副馆长史梅称为"镇馆之宝"。

1989年12月15日，《南京日报》的相关报道

参观展出。前面第一人为当时的副校长董健，千帆身后是徐有富

1992年6月10日，千帆与首届沈祖棻奖学金获得者合影。右一为赵宪章，时任中文系分管科研、研究生的副主任

第三件事，千帆希望继续担任在校弟子们的指导老师，他经常说的就是，"扶上马还须送一程"。对于他所钟爱的学生，尽管他的体力不断衰退，视力听力不断下降，却心甘情愿永远付出，无怨无悔。

千帆一生中视"授业解惑"为己之重任，一直强调"把培养学生放在第一位"，因此他付出最多的，让他最恋恋不舍的就是他的学生们了。越是到了老年这份情感越是突显，临终前的昏迷中，他还在惦记着黄侃老师日记的出版，还在呼唤着学生的名字，还在说"我对不起老师，对不起学生"。

教学固然是教师的头等大事。但作为一个优秀的教师，他给予学生的不仅仅是平生所学，还有对其思想和生活甚至家庭的极大关心，对他们的教育体现在人生的方方面面，如果你看了《闲堂书简》，就一定会对此有深刻体会。也因此，北大名教授王瑶高度评价："程千帆很会带学生"，诚不虚也。

无论是抗战时期教过的白头学生，还是1957年"反右"以后患难与共的老学生，以及改革开放后毕尽平生之力带出来的硕士生、博士生……他们都对千帆这位老师怀有极其深厚的感激之情，并以老师为榜样，在各自的岗位上取得了骄人的成就。尤其是千帆晚年在南京大学带出来的一批学生由于所处时代、学术环境、年龄等优势，成就更胜于他们的学兄，令当代学术界瞩目，被同行称之为"程门弟子"。

张辉等五人是千帆亲自参与教学指导的最后一批硕士研究生。这是1986年6月，毕业论文答辩会后，他们与指导小组的导师们合影

前排导师左起：吴新雷、周勋初、卞孝萱、程千帆、郭维森、吴翠芬

后排学生左起：张辉、程章灿、李立朴、严杰、景凯旋

1993年6月，与学生们的娃娃合影。左起：陶芸、张博(张伯伟之子)、莫杞(莫砺锋之女)、程千帆、张津(张宏生之子)

1999年6月，千帆兴致勃勃参观弟子张宏生的新居。左起：张春晓、陶芸、张宏生、周勋初、周夫人祁杰、程丽则、程千帆

1999年8月，张伯伟记录老师口述生平学术回忆

1999 年 11 月，弟子徐有富（前右）率研究生前来探望。后排左起：张维、刘雨婷、徐雁平

1996 年，千帆手书遗嘱中对弟子们的嘱托。盛赞他们"极为优秀，乃国家之宝贵财富"。寄望他们在其身后"仍能恪守敬业、乐群、勤奋、谦虚之教，不坠宗风"

自1978年来到南京大学，千帆努力工作，要将失去的二十年时间抢回来，不知不觉中他已是八十初度。

1992年9月，南京大学校领导和中文系同仁为他开会庆祝。前来祝寿的有在全国各地工作的老学生、新学生，也有其他高校及出版界的老朋友。

学生们为千帆出了一本《八十寿辰纪念文集》，让千帆自觉非常感愧。

万业馨为千帆请来名画家陈大羽所作寿桃一幅

千帆发言致谢

庆祝会场。左起：章培恒、叶子铭、韩星臣、匡亚明、程千帆

江苏省昆剧院为庆祝千帆的生日，特盛情来到南京大学礼堂为师生们演出昆剧折子戏数出。演出后千帆走上舞台，与演员们握手致谢，并祝贺他们演出成功

与张伯伟、曹虹夫妇合影

与程章灿合影

与丽则、史梅合影

二十年来，千帆在教学科研、教书育人方面做出了很大贡献。

尤其让他感到骄傲和欣慰的是为学校为国家培养了一批高水平的学生。这些硕士、博士继承了老师的精神，敬业、乐群、勤奋、谦虚，严于律己，努力向上，在不同的岗位上做出了各自的成就，陆续成为中青年骨干及学科带头人。

八十诞辰庆祝活动中，千帆和周勋初与培养指导的十一位博士，师生合影。当时除蒋寅在中国社会科学院任研究员，姚继舜在江西人民出版社任职外，其余九人均在各高校任教授或副教授。

大家留下了宝贵的瞬间。

师生集体合影。导师周勋初、程千帆。博士生左起：陈书录、蒋寅、巩本栋、程章灿、张伯伟、莫砺锋、曾广开、曹虹、张宏生、姚继舜、王青

与莫砺锋合影

与曹虹、张宏生、蒋寅合影

诸生前往千帆家中祝寿。前排左起：陶芸、程千帆、张三夕。后排左起：蒋寅、景凯旋、李立朴、严杰、程章灿

作为秉承中国文化传统教育的千帆，上对老师"终身为父"，下对门人"爱生如子"。虽然他重返教学岗位时已经六十五岁，在繁忙的日常教学及社会工作之外，撰写整理自己的学术研究成果已经时不我待，但是他还时时牵挂自己的师长，关心他们的著作出版。

汪辟疆老师学识极为渊博，有大量的研究和创作成果，可惜相当部分毁于一旦。千帆在汪师逝世以后，就有整理其遗集的愿望。1978年，千帆来到南大任教，和汪辟疆的长子汪越共事，得知其已着手收集材料，准备编辑，无奈进展缓慢。于是，千帆主动请战，汪越慨然相托。在断断续续工作了八个月之后，于1984年2月编成了《汪辟疆文集》，由上海古籍出版社在1988年12月出版。

1985年8月，千帆与苏州铁道师范学院唐文合编的《量守庐学记——黄侃的生平与学术》，由三联书店出版。1986年，千帆又参与了黄侃日记的整理工作，由唐文、许惟贤、王庆元、吴永坤整理，千帆担任通校，由于黄侃在日记中除了用楷书记录，还常用草书、篆书、古体、通假字，这给统一出版体例带来不小的工作量。终于在1986年底完成。出版却是一拖再拖，导致千帆生前未能见到成书，这也成为千帆最大的遗憾，以至于在弥留之际还念念不忘。他逝世一年后，《黄侃日记》由江苏教育出版社在2001年8月出版。

在求学的道路上，千帆曾得到刘永济、庞石帚二位先生的教诲提携鼓励，他一直铭感于心。为了让他们的遗著早日面世，嘉惠学林，他多方联络积极推荐，无论是与刘永济的女儿刘茂舒，还是与复旦大学傅杰之间的书信往返中均可体会到千帆饮水思源的拳拳之心。千帆曾经对丽则多次夸赞中文系许惟贤老师，说他为先师洪诚整理遗著，尽心竭力不计报酬，而且不署名，真乃古风也！

1999 年冬，在南秀村家中书房

1999年12月30日，对于南京大学中文系来说，是一个值得记住的日子。

当天的下午三点钟，在文科楼六楼的系报告厅召开了一次特别的表彰大会，为四位优秀学科带头人颁奖，表彰他们为本学科所做出的贡献和成就。因为这样的举动是中文系历史上的第一次，所以显得特别有意义。

受到表彰的是千帆及周勋初、叶子铭、董健四位教授。全系教师出席会议，会上校、系领导讲话，校长、系主任颁发奖牌，学生献花，受奖人发表获奖感言。

整个会场气氛热烈，与会者深受教育，对全系学科发展起到了极大的推动作用。

颁奖大会。前排就座的四位获奖人，左起：周勋初、程千帆、叶子铭、董健

会前，千帆与周勋初交流

千帆发表获奖感言

学生代表张宏生献花

32 闻多素心人 乐与数晨夕

1995 年 5 月，千帆签名赠书青年学子

千帆关爱青年学子有口皆碑。

晚年，他常常怀念为本科学生上大课时的情景和愉悦，到南大以后，只在1978年为77、78级本科生上过两学期大课，后来因为工作需要也因为年龄关系，教学重点就完全转移到带研究生了。但是，走在校园里，看着一群群匆匆来去的青年学子，他不止一次满怀憧憬地说：真想再上一次大课！

　　南京大学的学生深知除勤奋学习外，还需在实践中逐步提高。因此中文系1992年级本科学生组织了文学沙龙，时常聚会，座谈读书心得和创作体会，并请各位教授讲述和指导。

　　1995年5月22日座谈会后，千帆与部分本科学生合影。左起：顾钱江、吴志进、刘强、刘重喜、袁建阳、徐明祥、程千帆、千帆的外孙女张春晓（亦同为1992级学生）

1996年10月12日，千帆在素心会上发言

1997年11月2日，《扬子晚报》的报道

1996年9月新学期伊始，中文系古代文学学科成立了读书会，旨在推进读书人之间真诚平等的学术对话。且根据陶渊明"闻多素心人，乐与数晨夕"、"奇文共欣赏，疑义相与析"的诗意，取名为"素心会"。

千帆一贯积极支持青年学者的向学举动，此次亦不例外。他受邀在10月12日担当了第二讲的主讲人，讲述了"漫谈研究古代文学的基本方法——两点论"。在报告中，运用唯物辩证法提出研究工作中理论指导和材料考证结合的重要性，以漫谈的方式将严谨的话题讲得生动有趣。会场十分活跃，在座的师生都深感获益匪浅。

1997年10月，千帆的小外孙女，在南大法学院读书的小燕获得奖学金，喜报外公的同时，谈及现在学生获奖金后，被大家要求不得不请客，已然成风。说者无意，听者有心，千帆意识到此风不可长。他立即给当时南京大学的校长蒋树声、书记韩星臣写信，提出自己的忧虑和看法，希望领导加强关心和引导。此信得到校领导们的高度重视，当即批示要求各部门采取措施，并在全校展开相关讨论。

此事经《扬子晚报》报道，不仅在各高校大学生中引起强烈反应，许多中学生也纷纷表达了自己的深切感受。

为了支持鼓励年轻人的教学科研，千帆从未将自己的藏书藏起来，他乐于借给青年教师和学生，哪怕是珍贵的线装书，他一以贯之的理念是"学术乃公器也"。在四川是这样，在武汉是这样，在南京更是这样。晚年，他陆续将自己的藏书分赠门下弟子，其中大部分书籍送给了由匡亚明创办的南京大学中国思想家研究中心，还有一些非古代文学专业的书刊，他根据各人的研究方向，主动送给了其他专业的青年教师。

33 "感谢匡老给了我 二十年学术生命"

匡亚明（1906—1996），江苏丹阳人。1924年参加革命。

解放后，匡亚明历任华东政治研究院、吉林大学、南京大学的党委书记兼校长。1982年起为南京大学名誉校长。1991年被任命为国家古籍整理出版规划小组组长。晚年主持编写、出版了大型丛书《中国思想家评传》。

1975年，千帆戴了十八年的"右派帽子"摘除，政治地位从右派提高到"摘帽右派"，很快"奉命退休"，工资关系即刻转到街道，每月领取退休金四十九元。

四凶既已下台，春风渐暖神州大地，昔日的同窗好友觉得不能让千帆继续以街道居民的身份蛰伏民间。于是，殷孟伦、徐复、洪诚趁在苏州开会聚头时共商此事，决定由洪诚回去向学校推荐。此时匡亚明刚刚复出，重任南京大学党委书记兼校长，面对大学校园百废待兴的局面，他求贤若渴，立即派中文系主任叶子铭前往武汉，颇费周折找到珞珈山下小渔村附近的武汉大学九区30号。叶子铭见到千帆，转达了匡校长的邀请，并问询有何条件与要求，千帆简洁干脆地回答：我没有什么条件，我要工作，要为人民服务，这就是条件。

改革开放之初，"左"倾余毒依然猖獗，但由于匡亚明迅速拍板，千帆得以在不办任何手续的情况下，直接来到南京大学工作，并恢复教授待遇。由于调令、户口、恢复工资待遇等各项手续均未到位，南大财务处面对匡校长要求给予教授工资的指令，觉得执行无据十分为难，匡校长明知办理有一定难度有违规之嫌，但他毫不动摇地说：你们怎么操作我不管，先按每月150元支付。随后他又

1992年9月，千帆在八十华诞庆祝会上。左起：韩星臣、匡亚明、程千帆

说：南大这么大，每月卖旧报纸的钱都足够支付了。匡校长的魄力和担当可见一斑。事后，此事流传甚广，大有为匡校长此举感动点赞者，也有借此嘲笑千帆到了南大靠学校卖报纸为生者，孰是孰非，不辩自明。

同时被引进的还有在武大被错划为"右派"、"历史反革命"的张月超教授，以及"叛徒"——著名的戏剧家陈白尘。正是匡校长这样的过人胆识，使得千帆与陈白尘这样的点点劫后火种，能够在南京大学熊熊燃烧起来，并为南京大学带来了全国首批中国古代文学博士点之一暨南大中文系第一个博士点，全国第一位文学博士，全国第一个戏剧学专业博士点……

匡亚明与千帆一直保持相互尊重相互欣赏的君子之交，千帆感慨自己的许多想法和建议都是通过匡校长的支持得以实现的，千帆由衷佩服"匡老不愧是个大人物，是个有气魄的人，是个能用人的人"。

千帆对于匡校长也同样坦诚以待。八十年代，时任国务院古籍整理规划小组组长的匡亚明提出了组织撰著《中国思想家评传丛书》的规划，并于1986年11月得到国家教育委员会的批准，在南京大学建立中国思想家研究中心，作为研究和编撰《丛书》的机构，由匡老亲任"中心"的名誉主任。为了支持匡老施展宏图，千帆毅然将1800余册藏书捐赠思想家研究中心图书室，其中含线装书200册，连同方形的老式小书柜四个，外加六层双排大书柜两个。

中文系吴新雷老师一度协助匡校长掌管研究中心，他曾经见证了匡老与千帆之间一次特别的交往：匡校长为人谦虚，写好的稿子常喜欢请人过目。有一次，他的一篇稿子请程先生修订，程先生马上在走廊上边看边改，最后还加上几句批语，提出了严厉的批评。以至于匡校长都说，这个程先生，也太厉害了。

匡老去世的前两天，千帆到医院探望，他对匡夫人动情地说："是匡老给了我二十年的学术生命，我终生感激他老

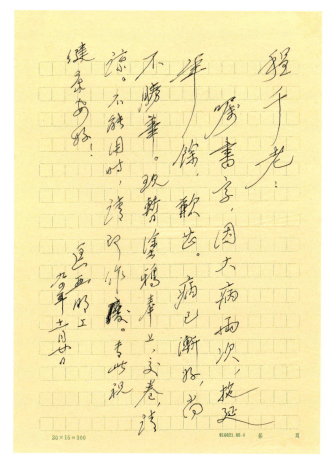

匡亚明给千帆信件手迹

人家。"这是一直藏在千帆心里多年的一句话。古人云："世有伯乐，然后有千里马；千里马常有，而伯乐不常有。"若非匡亚明当时的远见和魄力，千帆和南京大学古代文学学科是否有后来之辉煌，真的不可预测了。

千帆与匡老共事南大十多年间，无论为公因私，他们都有往来，可是让丽则深感遗憾的是，翻找了千帆留下的两千多张照片，也麻烦了学校档案馆，依然没有找到一张两个人的合影。

34 题画作字　闲情逸致

千帆、吴白匋题范曾画

友人章品镇当年是南京文坛资深编辑，熟于掌故，所记遗闻轶事，非常可贵。又与画家范曾交好。范曾为其作《宋江浔阳楼题反诗图》，神采飞扬，尽显笔墨之妙。

1988年2月，章品镇与千帆同游胥浦，出范画以见示。越旬日，千帆乃为题云：

非意态雄杰，无以见其反骨；非意绪风流，无以发其诗情。阿堵传神，一览即知他日"占得山东烟水寨，来买凤城春色"者，乃斯人也。老莲水浒叶子而后，及时雨造像此帧当推第一。

吴白匋先生亦欣然题诗：

意态谁云画不成，浓欢却自怒晴生。英雄欲挽长江水，化作时霖洗凤城。

240

1985年夏，千帆跋马得为路彤作《惊梦图》：

斯大林尝赏高尔基《少女与死神》一诗，能言爱战胜死，岂知汤若士于数百年前已宏宣厥旨乎？此帧措意精而用笔甚简，反覆观之，知梅花数点，真有广大神通，能使半面妖鬟生而死，死而复生也。斯、高二老地下有知，固当欢喜赞叹，合掌念："南无马得佛！"乙丑长夏，闲堂老人漫题。

1988年暮春，千帆又为敦勇题马得画《惊梦图》：

余读马得《惊梦图》凡数帧，用意命笔各异其趣。此幅写柳郎犹妙。盖其眼观鼻，鼻观心，振衣长揖，俨然一志诚种子，阿丽窥眸之余，安能不动心哉？嗟乎！吾马得真戏画中射雕手也。戊辰暮春，闲堂老人题。

千帆治学异常严谨，言谈却十分风趣活泼，引经据典出口成章，听者无不兴趣益然，以上几段小文可一见他平日里的风采。

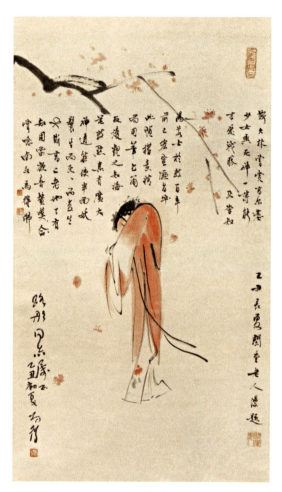

千帆题马得画

241

孙望的两个儿子均有艺术天赋，擅画，1985年，奉父命为波多野太郎作画，千帆分别为他们的画作题词。

题孙望长子孙原平画　　　　题孙望次子孙原安画

八十年代文友聚会。左起：千帆、臧云远、孙望、章品镇

1987年，丽则游览四川江油李白故居，看到园中悬挂有唐圭璋、孙望、程千帆撰，由千帆书的对联

千帆在咏诵会上吟诵诗歌

1988年5月，武夷山管理局、福建省诗词协会邀请全国各地诗人赴武夷山参加诗词座谈朗诵会。参加的福建著名诗人有赵玉林、李可蕃、蔡厚示、周祖璞、黄拔荆等，千帆与陶芸同往。

武夷山风光秀丽，尤以九曲溪为最。当时千帆曾作《武夷纪游》九首，其中咏《九曲乘桴》云：

乘桴偶效鲁叟，
著屐难忘谢公。
拨棹清流漾碧，
穿林瘦日亏红。

九曲方流圆折，
滩声树影云光。
风送群仙笑语，
一溪草木皆香。

二老攀登武夷风光

蔡厚示，诗人，福建省社科院研究员。五十年代在厦门大学工作时，到北京参加全国高校青年教师文艺理论学习班，由此认识了在学习班授课的千帆。1980年后来往较多，自诩千帆的私淑弟子。

与蔡厚示（右）、著名诗人丁芒（左）合影于武夷山

瞻园，南京重要的历史文化风景名胜。历经明中山王徐达府第的西花园、清布政使衙署、太平天国东王府，迄今已有六百年的历史，是一处典型的江南园林。

1988年6月，千帆陪同匡亚明、吴白匋游览南京瞻园，雨过天青，清风徐徐，小楼之上，细谈古今之事，颇为惬意。其时文化古迹百废待兴，承瞻园主事者之请，作《重修瞻园记》并书之，刊在瞻园屋壁。其略云：

瞻园一角，乾隆下江南时所赐匾额

　　余少游学南京，越四十余载，而复来授书大库。六十年中，屡过其地，迹其兴废，所感尤深。夫明祖洪王，当其初起，何尝不旰食宵衣，期有以嘉惠黔首；及上登大宝，专威柄，不旋踵而怠荒自恣，屠戮异己，自隳基业，而黎庶亦随之苦辛困顿，不聊其生。不亦重可悲夫！戊辰孟夏，偶陪匡、吴诸老重游斯园，时大雨初霁，清风飒然，小楼燕坐，娓娓道古今事，若有所会。适营缮将完，主其事者属为文记之，因就平昔所蓄念者缀此以应，不足言文，实亦无所记也。宁乡程千帆撰并书，时年七十有五。

千帆所撰《重修瞻园记》的石刻拓片（局部）

245

千帆秋日重游采石矶

1990年夏天，丽则与史梅结伴赴富春江、千岛湖旅游。归途中，千岛湖红日东升，碧波泱泱。乘船上与马鞍山钢铁公司人事科长及《马钢日报》编辑萍水相逢，比邻而坐。见该科长手持一卷《全唐诗》诵之不已，大惊之下，遂与之交流。史梅此时正在千帆主管的"全清词研究室"工作，对诗词也颇有所知，故双方相谈甚欢。科长与编辑对南京大学及千帆都略有所知，且十分景仰，于是热情相邀一路同行。

由此结下友情，日后科长还曾来南京拜访千帆。

翌年10月，秋风飒爽，湖蟹正肥。应安徽马鞍山市文联及《马钢日报》编辑部邀请，千帆携陶芸、丽则、史梅前往采石矶、太白楼一游。

参观太白楼时，千帆见昔日应邀所写对联及孙望所撰碑文依然在目，孙公却已匆匆辞世，世事无常人去物存，不觉思之怆然。

盘桓一日，下午为文联及马钢诸同志作字多幅。

为马鞍山文友挥毫

在繁忙工作之余，千帆重拾翰墨怡情，书赠友朋弟子。

夏雲多奇峰

己卯秋八十七叟程千帆

秋菊有佳色

史梅賢友命書

耳與齊梁作遠塵

閒齋老人時年七十有七

定追嘉淲光前史

己巳新秋試筆書贈
章掄陔林賢侄疋諸虔

山落橫峰末天數參

曾富老弟屬書
戊戌四月千帆

248

35 天伦之乐

千帆虽然终日忙于教学科研，没有很多的时间与家人娱乐闲聊，但他注重亲情，不放弃与家人聚会的机会。

千帆喜欢孩子，亦善于与孩子交流逗趣，不仅女儿自小得到他的万分喜爱，两个外孙女也都特别愿意与他一起玩耍。可是，工作第一已经成为千帆生活的常态，所以短暂的嬉戏就显得尤为珍贵。

五十年代，千帆为女儿画的小熊

八十年代，千帆为外孙女小燕所画"小老鼠上灯台"

同时千帆也十分关心孩子们的健康成长，鼓励她们努力学习，做一个有用的人。一段时间里，还每周一次给她们讲解《论语》，有时教她们学写毛笔字，学作旧体诗。

外孙女小燕在幼儿园学会了画小鸡，千帆让她用银色的涂料在自己的手提公文包上涂鸦，有两年，千帆就经常拎着画了五只小鸡的手提包在校园里走来走去。

千帆曾经给孩子们制定了奖学金制度，除女儿丽则的两个孩子外，还有陶芸的两个儿子的四个孩子，当时有五人都在中学读书。根据期末考试成绩，奖金分为一、二、三等，由陶芸奶奶在假期中颁发，以资鼓励。这项措施一直执行到孩子们陆续考入大学。

1981年国庆节，千帆携全家游镇江。记得那时候，旅行社刚刚起步，一家人就尝了鲜

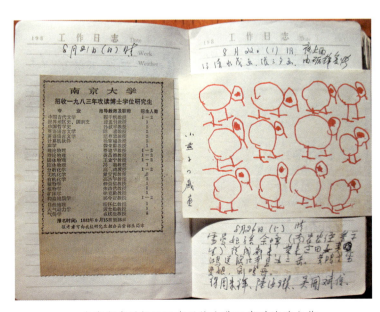

一直存留在千帆日记本里的小燕四岁时涂鸦之作

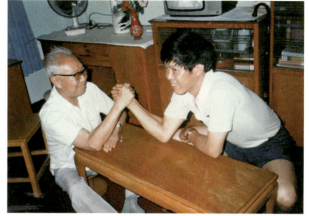

1983年初夏的一个周日，家人聚会，千帆一时兴起，与女婿张威克戏角腕力，虽不敌，亦尚能相持片刻

1983年11月，汉口路52号宅中，祖孙嬉戏图，小燕在幼儿园得了大红花

1989年4月，早早、小燕与外公在清凉山

251

转眼之间，祖棻心爱的外孙女早早（张春晓），已经成为一个秀丽知性的大姑娘。她从金陵中学毕业，顺利考入了南京大学中文系，之后考研读博，不断深造。在校期间，她学习努力，团结同学，多次获得各项奖学金。而且还积极创作，发表长篇小说若干。

　　1999年5月，早早与研究生同学郭斌结婚。两人均获得硕士学位，郭斌应聘去广州羊城晚报社工作，早早被复旦大学中文系录取为博士研究生。

1992年9月21日，早早为外公送上生日贺卡

1999年5月22日，在结婚家宴上，外公和陶奶奶衷心希望他们在各自的岗位上好好工作，发奋学习，为21世纪祖国的发展尽力。

新婚夫妇在简朴的结婚家宴上

接受二老的祝福

253

1998年1月，千帆的次外孙女程雨燕满二十岁，全家在肯德基餐厅聚会祝其生日。当时她就读南京大学法学院二年级。千帆认为小燕"从小读书勤奋，能思考问题，不懂即问，搞通为止。学习比较深入"。并寄望她毕业后仍保持深入研究的精神，在工作中作出优秀的成绩。

与肯德基老爷爷合影。左起：程千帆、程雨燕、陶芸、张春晓

好吃！

1999 年 6 月 19 日，亲家相会，外孙女婿郭斌的父母自徐州来宁一聚
左起：郭广德、陶芸、郭斌、程千帆、张春晓（早早）、田祥玲

2003 年 6 月，小燕戴上了硕士帽，家人在南大校园合影
左起：张春晓、张威克、程丽则、程雨燕

千帆、陶芸重组家庭，二十年来相濡以沫，和谐平静。儿孙们也敬老爱幼，工作之余，经常看望老人，为他们解决一些日常生活中的小问题。每逢节假日，各个小家庭会团聚在一起，老少十几口人，欢声笑语其乐也融融。

1994年11月，陶芸八十寿辰，长子苏天纵、次子苏天渝、女儿程丽则共三家及居住在美国之长女苏天眉之子媳和孙女等均来祝寿，四代欢聚一堂。

其时秋光正妍，小园中菊花盛开。

女儿丽则一家与二老

大家庭合影

1998年夏，小院赏竹

　　1993年9月底，千帆由原住所汉口路52号搬进新家南秀村25号一楼，宅内有一所小院子。

　　千帆喜欢看见满眼的青翠之色，他特地请了学校的园艺工人来帮助打理这个小院子。经过几年的经营，略具小小规模：有翠竹、绿篱、腊梅、玉桂、石榴、松柏、棕榈等树木，又有芍药、月季、栀子等花卉，还有易生易长的虞美人、一串红等草花。

　　清晨傍晚，工作之余，二老散步庭园，亦或煮茗读书，颇为惬意。每有客人来访，千帆必热情介绍这座赏心悦目、绿绿红红的小花园。

　　千帆曾有仿汉俳体小诗吟咏庭中草木：

　　　　彤彤一串红，新来怒放小庭中，不管雨和风。
　　　　夜色耿星河，飘然梧叶下高柯，树老得秋多。
　　　　太阳花七色，朝霞夕照随开合，娇颜长不得。
　　　　几簇翠琅玕，留伴孤松老岁寒，叔夜七不堪。

1997 年 5 月，姹紫嫣红，芍药和虞美人竞放

1998 年 4 月，春色融融

1999 年秋冬，夕阳无限好

1999 年冬，小院腊梅盛开

时光飞逝，早早小姐妹成了大姑娘，成为执教高校的中年学者。尤其早早，兴趣广泛，热心社会活动，读博期间，她曾到西藏大学支教半年，工作后又陆续到美国哈佛大学、英国伦敦大学亚非学院、荷兰莱顿大学访学，还利用暑期参与了"敦煌文化守望者"全球志愿者项目和北京故宫学高校教师讲习班，学术研究和文学创作并驾齐驱。妹妹也不负外公之望，于2003年获得了南京大学硕士学位，2009年获得了武汉大学法学博士学位。同样支边新疆，访学美国加州伯克利大学，工作努力，教学优秀，不仅发表了不少高质量的论文，而且作为教师的授课能力赢得了各类学生的赞誉。在2013年晋升为教授职称。

这一切，慈祥的外婆外公在天堂应该含笑有知吧！

2021年夏，春晓参加第三期"敦煌文化守望者"活动

2016年，小燕访学美国加州伯克利大学

千帆为儿孙留下墨宝，鼓励他们努力进步

261

36 《中华大典·文学典》的编纂工作

千帆一生埋首问学，无暇名利，最大的"野心"就是"当一名教授"。

改革开放后来到南京，他除了全心全意当好教授外，为了回报学校、社会，也必须承担一定的社会工作，例如省政协委员，市文协主席，市文联副主席、名誉主席，诸多学会的会长、理事，校、系的学术委员会委员，等等。

其中，曾受江苏省政府委派，任职江苏省文史研究馆馆长十六年。

文史馆长一职，政府历来选派高校有名望的文科教授担任，在没有特殊情况下，一般都是终身制。前馆长陈中凡教授1983年以90高龄去世后，此职位即由千帆担任。1999年，千帆自觉年老体衰，耳聋目瞽，不能继续胜任工作，主动提出辞职，并推荐南大中文系教授周勋初继任，在上级部门安排下，千帆改就名誉馆长。

这是自1953年成立文史馆以来，唯一的名誉馆长，也是历任五位馆长中唯一自动要求辞职的，由此可见千帆不计名利、谦虚让贤的一贯作风。

1987年5月9日，千帆在文史馆十名馆员被评为"健康老人"的祝寿会上发言

1994年9月，参加文史馆欢度中秋、迎接国庆茶话会

　　1998年9月29日，在省政府参事、省文史馆员聘任仪式暨国庆茶话会上发言。右为副省长俞兴德

1998 年 4 月在家中小院

1998 年 6 月在家中书房

退休以后，千帆投入精力最多，负担最重的项目就是《中华大典》之《文学典》，直至生命的最后一息。《中华大典》是我国历代汉文古籍编纂的一部大型类书。对这部书的编纂，国家领导十分重视，1992年经批准成立了工委会与编委会，正式开始全面运行。

《大典》共分二十四个典，《文学典》是其中之一，千帆接受了担任《文学典》主编的任务。

《文学典》于1989年开始试点工作，1993年全面展开。分典中，《宋辽金元分典》和《隋唐五代分典》结项得较早，《宋辽金元分典》于1999年秋率先出版，迎接建国五十周年大庆。

1989年10月4日，南京，《中华大典·文学典》第一次会议合影。前排左起：吴企明、郁贤皓、高纪言、程千帆、孙望、卞孝萱、吴文治、黄进德

《中华大典·文学典》的两个分典——《魏晋南北朝分典》与《文学理论分典》于1997年4月在扬州大学召开启动会，确定了两个分典的主编和副主编，《大典》的主要负责人均到场。《魏晋南北朝分典》的主编是扬州大学黄进德，副主编是扬州大学顾农。《文学理论分典》的主编是南京大学张伯伟，副主编是南京大学周维培和许结，三人都是南京大学中文系的中青年骨干。

1992 年 9 月 9 日，北京京西宾馆。程千帆（前排右二）在中华大典工委会、编委会成立大会小组会上发言

1993 年 9 月 25 日，苏州太湖西山，《文学典》工作会议合影。前排左三程千帆、左四任继愈、左五李彦

1994 年 5 月，《中华大典》聘书

1995 年 6 月在南京召开会议，研究《隋唐五代分典》的出版事宜。大典工委会、编委会领导大多前来参加了会议。左起：高纪言（《文学典》编辑出版负责人）、任继愈（编委会主任）、程千帆（编委会副主任兼《文学典》主编）、李彦（工委会主任）、伍杰（工委会副主任）、蒋迪安（江苏省出版局局长）、王建邦（江苏省委宣传部副部长）

1997 年 4 月，在扬州瘦西湖，千帆和《大典》编委会主任任继愈与年轻人的合影。左起：周维培、程千帆、任继愈、张伯伟、许结

2000年5月13日，由千帆总负责的中华大典《魏晋南北朝文学分典》、《文学理论分典》样稿论证会，在南京举行。

自千帆以近八十高龄领命主编《中华大典·文学典》以来，时光已匆匆过去了十一个年头，他和各位分典的主编、副主编，及所有参加工作的同仁们付出了艰辛的劳动。每一个分典的编写过程中都必须召开数次重大会议，启动会、样稿论证会以及审稿会等，至于其中的小会议就更多了。《魏晋南北朝文学分典》和《文学理论分典》的启动会是1997年4月在扬州召开的，距2000年样稿论证会的召开也已经三年了。

2000年5月15日，在大会主席台。左起：程千帆、任继愈

与学生吴志达（右一）、蒋寅（左一）在会上

这两个分典是整个《文学典》中最后一批启动的，样稿论证会的召开，给两个分典工作的全面展开定下了明确规范和样本。作为文学典的主编，千帆在会上作了重要讲话，三天的会议以及学生、同行们的频繁拜访交谈，令他十分高兴又十分疲劳。就在会议结束的第三天即5月17日清晨五点，他突发脑中风，经多方抢救无效，半个月后在南京脑科医院不幸逝世。

千帆自1989年退休之后，除了一如既往地帮助他的学生们走好走稳学术之路，补充出版自己的一些著作外，《中华大典》的工作占据了他晚年生活中的很大部分。

　　《文学典》从1989年开始试点，1993年工作全面铺开，1999年第一个分典出版，到2008年底六个分典全部出齐，共计23册，4500万字，是一部中国古代文学的百科全书。

　　在出版完成的座谈会上，国家新闻出版总署署长柳斌杰高度评价《中华大典·文学典》的出版意义，认为这是继《中国大百科全书》、《辞海》、《马克思恩格斯文集》等之后出版界取得的又一个重大成果。凤凰出版传媒集团党委书记、董事长谭跃用四个"最"字概括《中华大典·文学典》在《中华大典》全部二十四个典的编纂出版工作中的特点：最先启动、最先出书、规模最大、困难最多。

　　二十年的工作可谓筚路蓝缕，历尽艰辛。千帆在领导《文学典》的编写工作中耗费了大量心血，作出了重要贡献。他掌控全局的指挥能力、清晰的思路、精辟的分析、准确的判断、果断的作风，都给参与工作的同仁留下了不可磨灭的印象。

　　可以说，千帆是为《大典》工作燃尽了生命最后的火花。他虽然等不到《文学典》的全部出版，但是他参与和领导了所有六个分典的启动和样稿论证，确保了样板的产生，为工作的全面展开和最终完成奠定了必需的基础。

《中华大典·文学典》于2008年出版完成，共计23册，4500万字

　　2000年5月13日，《中华大典·文学典·魏晋南北朝文学分典》《文学理论分典》样稿论证会合影。前排左起：朱赛玉、卞孝萱、王於良、陶芸、程千帆、任继愈、伍杰、钱伯城、魏同贤、饶钦珩，二排左起：莫砺锋、黄进德、（不详）、缪咏禾、（不详）、黄希坚、王水照、吴志达、曾枣庄、程毅中、高纪言，三排左起：李劲、姜小青、许结、宫晓卫、王培元、朱恒夫、蒋寅、葛晓音、张伯伟

　　2000年5月16日晚上，人生的最后留影。山东大学马瑞芳教授携弟子马珏玶来访，与马瑞芳合影

37　学术精神与世长存

2000年6月3日，上午10时45分，千帆逝世于南京脑科医院，终年八十七岁。这是一个初夏的雨天。他本来是有信心庆祝自己八十八岁的米寿诞辰的，因为他的生日就在9月21日，不过是三个月的时间。他没想到，大家也没想到，《文学典》最后两个分典的样稿论证会让他的生命提前终止了。

他肯定是遗憾的，《文学典》还远远没有出齐，自己和祖棻的文集虽然已经在出版社陆续发排，却因故尚未成书，他还没有吃到米寿的生日蛋糕。去世前一个多月，4月11日，他给吴志达的信中谈到"诸门弟子想出一九十寿辰论文集，亦不知残年能赶得上否"……

他又是没什么可遗憾的，因为他已将自己生命的绝大部分奉献给了他所热爱的人与事——即教书育人和对中国古代文学的传承与研究，并且获得了学术界公认的成功和荣誉。他是一个品德高尚的人，是一个为了事业鞠躬尽瘁死而后已的人，是一个为了学生殚精竭虑呕心沥血的人，是一个以学术为第一生命的人。薪火相传，他的学术精神、道德文章将与世长存。

2000年6月3日，讣告

纪念灵堂设在南大文科楼6楼中文系报告厅

中文系领导祭奠千帆。签名者为当时的系主任赵宪章，牵册者徐兴无，右一为系党委书记姚松，后排左起：汪维辉、张建勤、巩本栋、周宪

亲人与弟子在千帆遗像前留影。左起：蒋寅、徐兴无、张宏生、莫砺锋、史梅、程雨燕、程丽则、张春晓、曹虹、张伯伟、程章灿、巩本栋、陈书录、于景祥

南京大学浦口校区名人园，在千帆1997年4月手植的华山松前，亲人合影

2000年11月25日，程千帆学术思想研讨会

2000年11月25日，《程千帆全集》十五本终于在为其举行的追思会上与读者见面了

追思会后集体合影

前排左二起：赵宪章、王立兴、吴功正、吴志达、陶芸、张异宾、郁贤皓、卞孝萱、吴翠芬、史梅、程丽则、张春晓、曹虹。后排为南大古籍所、中文系古典文学教研室的同仁及来自各地的弟子、同行

2019年清明时节，巩本栋（左三）率在读弟子往千帆师手植树下祭奠

2020年11月，莫砺锋在手植树下

2023年清明，丽则与早早在手植树下

千帆去世一年后，2001年5月，满怀深情的《程千帆先生纪念文集》由江苏古籍出版社出版了，集中收回忆文章57篇，选录挽联36副，挽诗挽词27首，各相关单位部门的唁电唁函36封。亲人、弟子、同行、友朋还有莘莘后学，纷纷写下了个人感怀。每一位与千帆交往过的人，都或深或浅或远或近感受过他的魅力，无论论道还是闲话，每一篇都有细节的描述也有远久的回味，令人阅后无不感动。

2004年7月，《闲堂书简》（上海古籍出版社）面世。千帆生前动笔甚勤，除了著书立说，还勤于书信，常和友朋、学生交流学术体验。2001年始，经夫人陶芸和学生程章灿多方收集，更得力于许多人的支持和帮助，两年后，47万字近千封书札终于汇成一集，与读者见面了。书信集中最早一封是1949年6月1日写给孙望的，最晚一封是2000年5月9日写给郝延霖的，时间跨度长达半个世纪。115位收信人中既有赵景深、黄焯、施蛰存、夏承焘、杨明照、缪钺、张舜徽、金克木、王利器等老一辈学人，又有林继中、王小盾、陈平原等新一代学人。

2013年10月12日，"程千帆百年诞辰纪念大会"在南京大学隆重举行，友朋、弟子来自四面八方。右起：徐雁平、俞士玲、程丽则、张春晓及其女儿、赵庶洋、于溯、徐涛

儒者的忧思、智者的声音、大家的眼光，字里行间不仅充满了对人生遭际、社会变迁和学术发展的感悟与深见，更洋溢着亲情、友情、师生之情。书信集是对千帆深切的怀念，也让读者分明感受到一个学者全方位的心路历程。

南大文学院徐兴无院长主持大会

2013年，深受欢迎的《闲堂书简》得以再版，作为增订版，收信1213封，收信人166名，字数达59万。2023年秋天，为纪念千帆诞辰110周年，凤凰出版社将

纪念会场

推出新版《程千帆全集》，《闲堂书简》也迎来二次增订，预计收入信件近1500封，收信人230余名，字数74万。

纪念会上丽则祖孙三代合影

2013年9月11日起，南京大学文学院为纪念程千帆先生百年诞辰，举办了"百年千帆"系列纪念活动，其中包括系列讲座二十余场，为期三个月；系列书籍出版共八种；10月12—13日，召开了百年诞辰纪念暨学术思想研讨会，家人、生前友好及程门弟子近200人参加活动，其中与会的专家学者达160人。

纪念大会由文学院院长徐兴无主持。南京大学杨忠副校长、南京大学周勋初教授、清华大学傅璇琮教授、南京师范大学郁贤皓教授、台湾清华大学朱晓海教授、复旦大学傅杰教授、北京大

晚宴上，丽则与傅璇琮先生

学陈平原教授、华东师范大学胡晓明教授、武汉大学吴志达教授、北京大学葛晓音教授、华中师范大学唐翼明教授、上海古籍出版社高克勤编审、凤凰出版社姜小青编审、南京大学出版社左健编审、闽南师范大学林继中教授、厦门大学吴在庆教授、南京大学莫砺锋教授等及千帆女儿丽则先后作大会发言。

与会代表还进行了分组讨论，回顾与先生的交往、求学点滴。高度肯定了程千帆先生作为卓越学者和优秀教师所取得的瞩目成就，以及他在学术上承前启后

百年诞辰纪念出版系列书籍八种

带来的深远影响。

　　纪念活动出版的系列书籍分别为：《元代文学史》（程千帆著、吴志达修订）、《闲堂书简》（增订本，陶芸编）、《程千帆沈祖棻年谱长编》（徐有富著）、《程千帆书法选集》（徐兴无编）、《千帆身影》（程丽则著）、《千帆诗学与中国哲学》（周欣展著）、《程千帆先生百年诞辰纪念文集》（莫砺锋编）、《想念程千帆》（张世林编）。

　　其中，《程千帆沈祖棻年谱长编》由学生徐有富倾力两年时间编著，达百万余字，以千帆日记、回忆录及程门弟子的记述和史料为基石，钩沉述往，将程、沈二人的事迹以年月为顺序，年谱为形式详细记述，全面系统地展现了他们的人生轨迹和一生成就。

　　《千帆身影》由女儿程丽则编著。收有大量程、沈二人珍贵的历史图片，辅以简洁的文字，生动再现了夫妇二人年少求学、负笈金陵、抗战流离、"文革"蒙难、读书著述、诗词往还的生命旅程。

38 书影　题签　题识

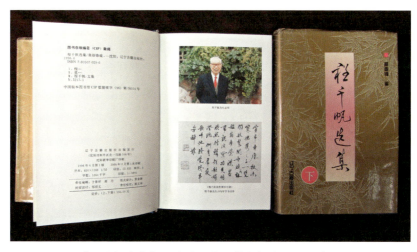

《程千帆选集》两卷（辽宁古籍出版社，1996年）

　　千帆是一个优秀的教师，又是一个优秀的学者。虽然他被迫中止了二十年的教学科研，浪费了学者生涯中最宝贵的中年时光，但他却在六十多岁以后，以健康和生命的代价与时间赛跑，取得了累累硕果。

　　据不完全统计，千帆一生共写出了专著16部，两人合著（含1部三人合著）12部，编校类著作10部，主编《中国古代文学英华》和明清文学理论丛书，主编大型工具书《全清词·顺康卷》20册，《中华大典·文学典》23册。1979年至1994年十五年间发表的学术论文及相关文章更是多达80篇。

　　1939年，千帆的第一部专著《目录学丛考》在上海中华书局出版，当时他二十六岁。《程千帆全集》以及他主编的两套大型丛书直至他身后才面世。在他的生命中，自己所能支配的时间已经和学术研究融为一体。

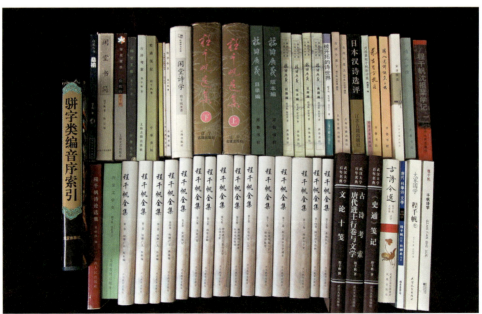

程千帆著作书影

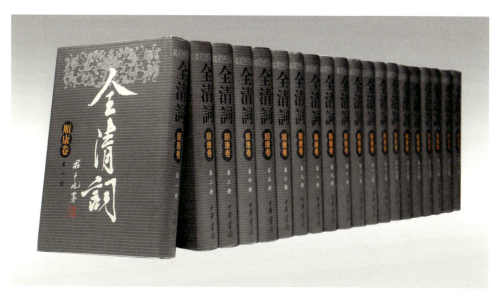

《全清词·顺康卷》二十册

《程千帆全集》（河北教育出版社，2000年）

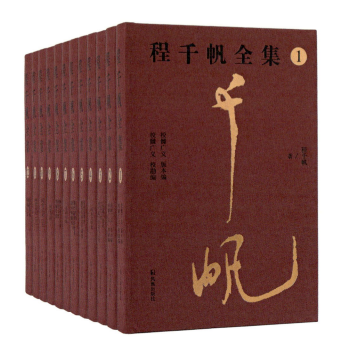

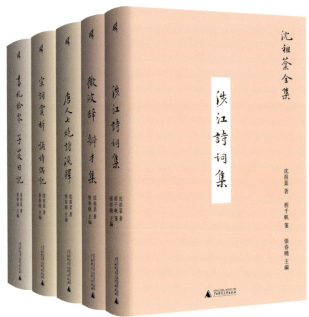

《程千帆全集》、《沈祖棻全集》将在 2023 年下半年由凤凰出版社和广西师大出版社分别推出，此为全集效果图

　　清代词家词作数量之多远胜前代，仅《顺康卷》的数量已超过清代以前唐、宋、金、元、明五个朝代词作的总和。自1983年1月始，千帆作为《全清词》主编，带领清词室全体工作人员历经了许多艰难曲折，付出了大量心血。2002年5月，当《全清词·顺康卷》20册终于出版之日，千帆已匆匆离开人世两年矣。

　　而今，又是二十年过去，可令千帆泉下欣慰的当是，他虽然早已辞别清词室，但他曾经领导的这项巨大繁复的工作并没有休止，张宏生秉承老师的遗愿，带领团队继续辛勤耕耘。《顺康卷补编》4册、《雍乾卷》16册、《嘉道卷》30册，陆续面世。《咸同卷》10册也即将出版，而最后的《光宣卷》的编撰在2023年7月31日正式启动。届时，将有洋洋大观120—130册，载入中华文化灿烂史册。

　　千帆自幼为叔祖、伯父、父亲等书法名家研墨、牵纸，耳濡目染加严格训练之下，他也写得一手清秀飘逸的行楷。晚年在繁忙工作之余留下了不少墨宝。其书法另有专集出版，以下特摘录他为自己和祖菜著作的题签以飨读者。

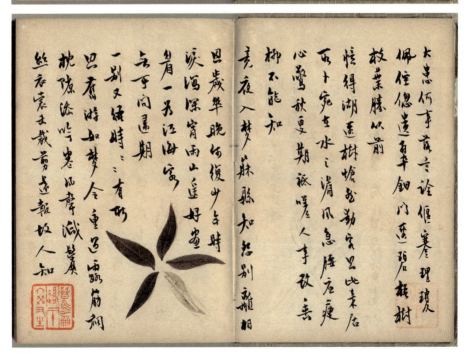

結束鉛華歸少作
屏除絲竹入中年

近時懷人之作四律 彝孫

畫閣寒雨遠妹果高夢山悲
風夜木森客義雜重以新知
惄惄春好壁綠佳期不張惜
近莫遂評蓬結款被柳檀切
都諸積悠一尊於詩顏日懷人
紅葉云雨

夢斯注頭尾書室月鼓員有身斯

大惠何事茂言詮便塞誊理瓊
偏佳愁遺百年釦門遠碧居槍樹
枝葉滕以前
憶得湖遠樹塘弘勤穿呂此秉店
五十宛生水之湄瓜急膡店瘦
心驚秋更期歌噗人李致秉
柳不能知
竟夜人夢人蘇縣知智別兆難相

思歲華晚句復少年時
淒鴻深宵雨山逢好嘗
眉一夕江海家
云予尚遙期
一別又緣時三有昕
但看游時如夢今重呂雨竭煎前
桃陰溘哧寒以聲減縈
終宵寒主裁勞遠報坡人知

千帆在大学期间，与学友共创《诗帆》杂志。多年后，他"结束铅华归少作，屏除丝竹入中年"，在《诗帆》合集本上留下了怀人之作四律

1993年，千帆为支援匡亚明创办的中国思想家研究中心，捐赠了自己的藏书1663种，其中包括线装书73种200册，共计1800余册，并随赠大书橱、小书柜。有的赠书上也留有千帆早年的题识。

1937年8月19日，题周青云《秦妇吟笺注》。注有"昨夜敌机袭南京，不逞而退"

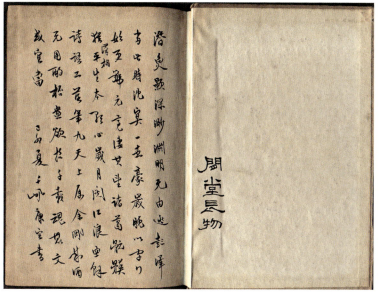

1939年夏于康定，在陶澍注《陶靖节集》上题写黄庭坚诗一首

1954年首夏，题朱自清编选《宋诗钞略》。思念亡友，"雨窗展视，殊重人琴之感"

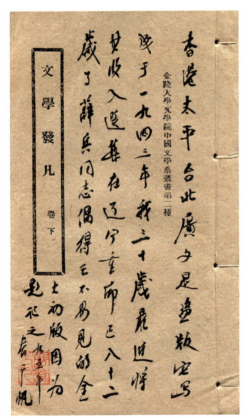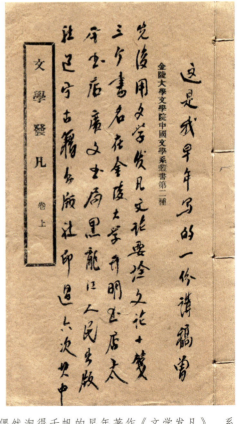

1994年，江苏作家薛冰在南京古旧书店偶然淘得千帆的早年著作《文学发凡》，系1943年8月成都刊本。千帆为之题识，简介此书五十二年间六个版本之源流，十分有趣

千帆一生都没有放弃用毛笔，买到新书，往往喜欢在上面题字留念。祖棻的小楷也十分工整娟秀，但由于体弱多病，精力不济，二十世纪五十年代之后就没有再用过毛笔，也鲜有在书页上题识。因此，书本上祖棻的签名多是千帆代书，抄赠友人的诗作有时也是千帆代劳。正如女儿所戏称，父亲常常充当母亲的"御用文书"。

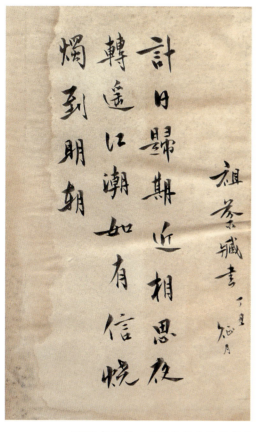

1937年正月，千帆代笔为祖棻藏书《中国大事年表》题识（祖棻诗作）

2021年初，武汉大学图书馆古籍保护中心的周荣老师，在图书管理的过程中，整理出了一批千帆、祖棻在不同年代捐赠武大图书馆的书籍，其中有不少扉页上留下了值得回味的一题一签一墨一印。他为此写有文章专门介绍。

　　例如，1947年秋，千帆任职珞珈山武汉大学，偶然淘得《师石山房丛书》。题识中记下购书原委："此上海澄衷中学藏书，战后流入镇江某书肆。丁亥秋，余访兆祺于梅花巷，偶购得之。既重加装订，并识其由来云尔。嘉平朔日帆记。"看到此番内容，丽则不免猜测父亲不知因何去到镇江，兆祺又是何人。于是经网络查得，卢兆祺，镇江市人。国立中央大学法律学系毕业，曾任国立中央技艺专科学校教授，在多地从事律师工作，1947年8月任镇江地方法院执行律师。由此推断题识中的"兆祺"当是卢兆祺，居住在镇江梅花巷。二人的交集应是在1941年至1942年共事四川乐山国立中央技艺专科学校。同时推断，二人当时相处必定愉悦，所以多年后有机会还会寻访叙旧。题识时间为嘉平朔日，即1948年1月11日，丁亥年十二月初一。

《师石山房丛书》扉页题识

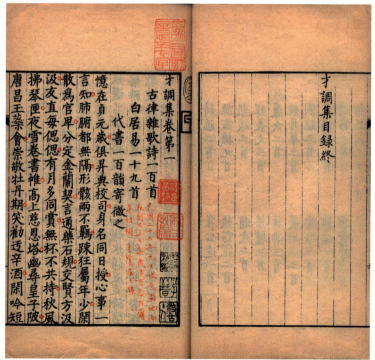

捐赠的批注本《才调集》中留下的印记："玉兔捣药""晋永和后二十六癸丑生""为君刻意五七字""程生如愿""程会昌钤"

在二老的武大藏书中，也不乏罕见或至今未见公开的印章，如"程生如愿"朱文方印、"程会昌钤"白文方印等。还有一枚刻有"玉兔捣药"图案的圆形印章，公开出版物中仅见于1937年千帆题赠孙望毕业纪念册（见本书107页），而程沈武汉藏书的多部书籍中有此图章。

书叶早已泛黄，钤印依然鲜红。千帆出生于1913年，干支为癸丑，与王羲之写成《兰亭集序》的东晋永和九年（公元353年）干支正好相同，"晋永和后二十六癸丑生"印是近代篆刻名家侯疑始所刻，颇受千帆喜爱，直至晚年作书还经常使用。

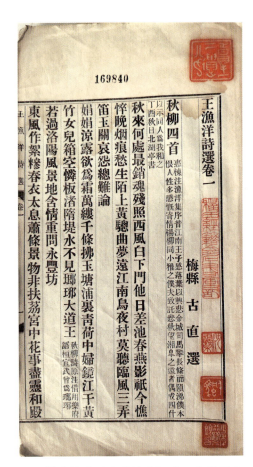

捐赠的《王渔洋诗选》卷一上留下印章："止得一二遗八九""程氏经籍金石书画记""沈祖棻""千帆""少年行路今头白"

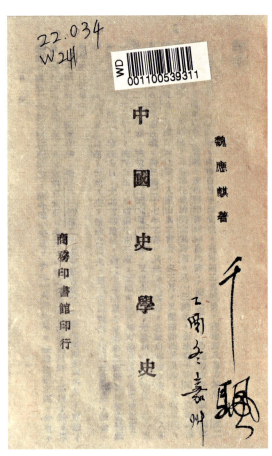

那些年，千帆的签名是这样的

39　风流长忆涉江人

　　浙江海盐是祖棻的祖籍，从祖父一代已经落户苏州，她一生没有踏上过海盐的土地。

　　海盐，于祖棻而言，除了作为祖籍，在年幼时听闻长辈零星提及之外，就是深藏档案袋中的个人履历表上的一个地名，还有《涉江诗词集》中的每一卷，卷首都有注明：海盐沈祖棻子苾撰。

　　海盐，于丽则而言，则更是遥远又陌生。唯有1992年，由于曾经提供资料，收到过一本《海盐县志》，其中"人物传"中有五百多字关于母亲的介绍。

　　可是有一天，忽然不一样了……

　　2002年11月，丽则先后接到了来自海盐的陌生电话和陌生来信。一位名叫王留芳的海盐退休老人说：他和他的几位朋友，因为挚爱中国古典文学，长期学习创作旧体诗词。自1992年从《海盐县志》中得知沈祖棻后，一直心有所念。如今已经退休，终于可以全力投入做自己喜欢的事情，他陆续借得、购得《沈祖棻创作选集》、《沈祖棻诗词集》，拜读之下，不觉荡气回肠，对沈先生顿感敬仰，奉为乡贤。并决定与诗友借此契机，成立"沈祖棻诗词研究会"，并创办会刊云云。丽则在惊讶的同时也十分激动，原来在母亲陌生的祖籍地还有这样一批乡亲，于是立即复信，并寄去一套《沈祖棻全集》。

　　成立学会是需要层层报批的，办会刊更需要资金，何况对于沈先生的身世、社会关系、学术成就知之甚少……王留芳和他的诗友们，一群最基层的布衣之士开始了艰难而执着的探索追求。

《沈祖棻诗词研究会会刊》第一期（2002年）、第三十期（2022年）

一方面借助丽则的热情介绍，他们陆续联系上了祖棻当年的老学生王淡芳、王文才、刘彦邦、刘国武、章子仲、刘庆云，以及既是千帆的研究生又与祖棻为武大中文系同事的吴志达，还有祖棻的上海等地亲友；一方面他们买了许多《沈祖棻诗词集》分赠同好者，扩大学会和刊物的影响，而且不揣冒昧，恳请当代诗坛的名家题签题字当顾问。

他们拿出自己微薄的退休金、积蓄，并四处向海盐县的企业募捐集资，用以出版《沈祖棻诗词研究会会刊》，仅王留芳一人就曾垫付七万元……秋去春来，举步维艰，但是有志者事竟成，他们成功了！

期刊内页

如今研究会已成立20周年，会刊出版了30期。在祖棻夫妇的亲友、学生、同行学者以及各地诗友的广泛支持下，每期会刊除了刊登祖棻的诗词作品，涉江诗词研究论文、回忆文章、纪念诗词，以及相关的书法、篆刻、绘画、照片，更有广大诗词爱好者们以诗会友的累累佳作。会刊质量上乘，问世后便获得了全国诗词界一致好评，产生了广泛的影响，随后也得到了当地政府部门的资金支持。

至2009年，读者已经发展到一千多人（含注册会员一百六十一人），会刊每期印量达一千三四百，最多时有两千册。刊物辐射范围除了广大诗词爱好者，还包括了北京国家图书馆、台北"国家"图书馆、中华古典文化研究所、武汉大学图书馆、南京大学图书馆、香港中文大学图书馆、澳门科技大学图书馆、哈佛燕京图书馆，等等。

二十年来，以王留芳会长、继任李正光会长为首的研究会同仁经过不懈努力，除了每年定期出版会刊，还出版了《正声诗刊四种》、《正声》（第三第四期，诗词五人集合刊）、《涉江诗词选唱》、三十五万字的《沈祖棻研究文论集》，以及《纪念沈祖棻先生诗词选》、《诗颂秦山核电》、《海盐新咏》、《海盐对联存录》等八种会刊号外。

研究会还促成了三件大事：

2007年6月，与武汉大学文学院联手举办了沈祖棻先生逝世三十周年追思会。

2009年4月，海盐县委县政府主办了沈祖棻先生百年诞辰纪念会。

2019年10月，海盐县委县政府主办了沈祖棻先生一百一十周年诞辰纪念会。

2005年3月25日，海盐王留芳先生（左一）与县政协副主席专程来到南京，与丽则夫妇第一次见面

2007年6月27日，是祖棻逝世三十周年祭日，武汉大学文学院举行了隆重的追思会。参加会议的有校、院领导，南京大学文学院代表、海盐县有关领导、海盐沈祖棻诗词研究会代表和武汉诗词研究会的代表、父母昔日在武汉大学任教时的老学生，以及前来旁听的武大文学院研究生。会议的当天下午，与会部分代表前往武汉石门峰墓地祭奠祖棻。

纪念沈祖棻先生逝世30周年暨学术研讨会
2007年6.27于武汉大学

会后，代表三十余人合影。其中不少是父母在五六十年代教授的武大老学生，当时也已是古稀老人了

丽则陪同王留芳来到武大九区故居所在地凭吊。祖棻遇难处——原武汉大学印刷厂大门口的水泥电线杆下。当年的印刷厂早已拆除，盖起了宿舍楼，来来往往的师生没有人知道这里曾经发生过什么。唯有这遗世独立的电线杆，见证过，却永远沉默不语

主席台就座的是：海盐县委副书记、县长、副县长、县委宣传部长、县政协副主席，以及嘉兴市有关领导、武汉大学文学院领导、浙江省诗词与楹联学会会长等

2009年4月12日—13日，浙江省海盐县举办了沈祖棻百年诞辰纪念会。大会由海盐县委和县政府主办，海盐县政协、文联和"沈祖棻诗词研究会"承办。参加会议的除了海盐县、嘉兴市相关领导，武汉大学文学院领导，海盐沈祖棻诗词研究会会员、相邻县市诗词社代表，家属，海盐沈氏族人，还有远道而来的专家学者：武汉大学教授吴志达、程一中，福建社科院研究员蔡厚示、湘潭大学教授刘庆云、北京中国社科院研究员陈祖美、南京大学教授张宏生、华东师大副教授钟锦……祖棻世交的后代：刘婉、刘一虹姐妹，王世霑、文德生夫妇，刘友竹，等等，代表七十余人。

　　会议当天下午进行了学术研讨，晚间还为代表们组织了"涉江诗词"和海盐腔戏曲的演唱会。劳在鸣和武汉锦绣诗词吟唱社的朋友们专程从武汉来到海盐，深情献唱了多首自己谱曲的"涉江诗词"。武汉中南财经政法大学原艺术美育教研室主任劳在鸣，擅谱曲。受王会长之请，他为"涉江诗词"谱曲三十余首。

海盐县县长沈晓虹（左一）、国家审计署副审计长令狐安（左二）、研究会会长王留芳（右一）与祖棻家人合影。令狐安为王留芳的诗友，亦是中华诗词学会和"沈祖棻诗词研究会"的顾问，当时正在杭州视察工作，特地赶来参加开幕式

会议的第二天，部分外地代表游览海盐名胜

参观绮园。前排蹲者，左起：许伦芳、程丽则、张春晓、郭嘉会（春晓的女儿，两岁半）、吴银秀。后排立者，左起：钟锦、张威克、黄心培、陈祖美、蔡厚示、刘庆云、程一中、吴志达、陈国恩、刘友竹、杨坚本、王世霙、王保成、文德生、朱兰萍

海盐南北湖，三面环山一面临海，是我国唯一集山、海、湖三景为一体的名胜之地，风光秀丽，令人流连

左起：刘庆云、张威克、吴志达、刘友竹、许伦芳、文德生、陈祖美、程丽则

298

2015年国庆，丽则重到海盐，看望研究会里胜似亲人的朋友，拜访沈家老宗亲。八十高龄的沈吕祥老人，是丽则远房的老表兄，他自小生长在海盐，住过沈家的深宅大院，见过沈家的义庄、祠堂，清晰记得高悬墙门之上的蓝底金字"内阁大学士"直匾和黄底黑字"翰林第"横匾。这些建筑和物件随着时代的变化都慢慢消失，战争、内乱，直至1995年因市政建设，最终全部拆除。沈家的众多后代留在海盐的也所剩无几。

与研究会的新老会长、副会长等相聚并合影。左起：朱益群、李良琛、王留芳、程丽则、黄心培、李正光。李正光是王留芳的乘龙快婿，也是研究会工作班子里最年轻的一位，2013年老会长卸任，即由年富力强的李正光任新会长

王留芳一家陪同丽则重游绮园

2019年10月18日—20日，沈祖棻诞辰110周年纪念大会在海盐县成功举办。

2018年9月，丽则给海盐"沈祖棻诗词研究会"的新、老会长打电话，提出在2019年为母亲继续举办诞辰纪念会的设想，直至2019年春节前后，公务异常繁忙的李正光会长才抽出时间向有关部门层层申请汇报，经过种种努力，筹办大会的计划终获批准。相关领导回复的两句话令人兴奋：一是要办！二是要办好！并拨款专项资金二十万。

2019年4月，为了配合纪念会的召开，制作一部纪念短片，海盐电视台工作人员与李会长特地前往武汉、长沙、南京等地，丽则也从广州赶赴武汉与他们会合，陪同采访了章子仲、吴志达、劳在鸣、程小佳等人，拍摄武大相关场景；随后，挥师南下长沙，采访了祖棻的老学生、湘潭大学刘庆云教授；转而东上南京，采访了南京大学张伯伟、曹虹教授夫妇；最后前往杭州，采访了在浙大高研院访学的张春晓博士。

4月12日，由丽则和张三夕陪同，李会长夫妇及摄制组前往武汉石门峰公墓祭奠祖棻。左起：海盐电视台崔文晗、顾海飞、董一波，程丽则、张三夕、李正光、王贵芹

东湖小码头渔村旁的湖堤上，
丽则对李正光、张三夕讲起往事，
祖棻昔日故居就正对着浩渺东湖和
长长湖堤。堤上种植着两行水杉和
夹竹桃，祖棻经常带着小早早推车
漫步堤上。几十年四季更替，水杉
已成老树，夹竹桃不见了踪影

采访武汉大学吴志达教授，他不
仅是千帆早期的研究生，也是祖棻在
武大中文系共事近二十年的同事，曾
经在1985年第4期的《武汉大学学报》
上发表《沈祖棻评传》

2019年10月18日，海盐沈祖棻110周年诞辰纪念大会报到日。丽则一夜卧车，早上到达嘉兴火车站，下车伊始，扑面金桂飘香，沁人肺腑。随即赶赴海盐，成为到会的第一位嘉宾。

　　2019年10月19日上午九点，纪念沈祖棻先生110周年诞辰暨学术研讨会隆重开幕。海盐县委副书记、县长，嘉兴市政协副主席，浙江省诗词学会副会长，南京大学文学院党委书记等发言并表示热烈祝贺。丽则致辞感谢领导和各位嘉宾，并预祝大会圆满成功！

纪念会场

组委会设计了沈祖棻新书分享会专场，内容新颖活泼，由《嘉兴日报》海盐站记者周伟达提问采访，各位编辑介绍书籍新版再版的目的和意义，以及编者们的用心与体会。双方问答十分生动有趣。中华书局（上海）推出的影印本《沈祖棻诗学词学手稿二种》，装帧精美，品质高雅，好评如潮；陕西师大出版社的《程沈说诗词》四本组合，其创意不仅令人耳目一新，也确为文坛"天作之合"；南京大学出版社在时间相当紧迫的情况下，高效高质出版了由张宏生创意并主编的《沈祖棻词赏析集》，荣获一致赞赏；《涉江诗词集》的再版依然由江苏凤凰出版社完成，是献给纪念会的又一份厚礼；广西师大出版社着手编辑的《沈

新书发布会。左起：记者周伟达、中华书局编辑郭时羽、陕西师大出版社编辑焦凌、南京大学出版社编辑李亭、广西师大出版社编辑杨宇声、公众号《程门问学》编辑宋健

家人与部分来宾合影。左起：郭嘉会（十年前参会的那个小娃娃）、郭斌、程雨燕、周欣展、张春晓、张三夕、程丽则、张宏生、刘婉、刘重喜、李亭、孙小多、石旻、徐有富

祖棻全集》会有不少新资料的补充，将给读者带来时代记忆的重温，令人充满期待；《程门问学》公众号的创办人宋健也对其平台的发展和影响力作了充分介绍。

纪念沈祖棻先生一百十周年诞辰暨学术研讨会合影留念

2019.10.19 于海盐

全体代表合影

　　下午的学术研讨会，由海盐县政协主席董雪明主持。会上发言的有：南京大学徐有富教授、华中师范大学张三夕教授、香港浸会大学张宏生教授、南京大学周欣展教授、南京大学文学院党委书记刘重喜副教授、美国普林斯顿大学博士暨旧金山大学刘婉教授、哈尔滨工业大学黄阿莎副教授、暨南大学张春晓副教授、中山大学范若恩副教授、南京田家炳高级中学孙小多老师及李正光会长等。各位专家学者的发言深入浅出，精彩纷呈，结合自己的研究体会对于沈先生的诗词创作、诗词赏析以及人格魅力作出了高度评价。

　　第二天，会议代表们游览了海盐名胜，参观了秦山核电站、钱塘江"千年海塘"水利工程、江南名园"绮园"，下午会议圆满结束。

　　2002年，海盐沈祖棻诗词研究会成立，靠着几位退休老人布衣之士，一路坚持奋斗，出版会刊30期，促成三次纪念大会，油墨飘香，游走历史行距中，这是祖棻的亲友学生绝对不曾想到的；十四年之后，2016年11月20日，自媒体公众号《程门问学》横空出世，键盘灵动，信息飞扬。迄今，已经发表与千帆及其门人直接相关或者间接相连的各类文章一千余篇，粉丝已达八万余人，一位年轻理工男的奉献更令千帆的众多桃李讶异欣喜。不得不说千帆祖棻夫妇三生有幸，不仅文脉有嫡系传人，而且还有毫无关联、素昧平生的粉丝挺身而出，为宣传推广他们的道德文章作出了一番影响深远的事业。

天地茫茫，人海无涯，高山流水，得遇知音，人生之大幸，莫过于此矣。

与李正光会长夫妇合影留念，永远感谢他们的倾情付出

园林合影。绮园小巧玲珑，移步换景，被著名园林建筑大师陈从周誉为"中国十大名园"之一

40 巴山蜀水一回眸

　　四川，一个神秘而令人遐想的地方，至少在没有网络没有高铁的时代，它是遥远的，蜀道也是艰难的。丽则对它却有着与生俱来的一份情感，这是源于抗战时期父母在那里的流光岁月，颠沛伤痛也有悲欢交集。

　　因此，丽则在1987年的夏天去了成都、重庆，去了青城峨眉乐山与九寨沟，见到了父母的老朋友刘君惠，老学生王文才、刘彦邦，而且就住宿在王家。这一切自然又欢喜。可是令丽则绝对没有想到的是，除了父母留下的友情之外，竟然还有一段丽则不曾了解也绝对不曾想象的诗情画意会在今后的日子里浮出水面……这就是关于爷爷程康的故事。

　　丽则对爷爷，可以说几乎无所知，虽然从1957年到1965年，二人有八个年头生活在同一个屋檐下，但是丽则一点也不了解爷爷曾经的精彩，印象中不过就是一个不苟言笑的古板老人，更无亲热的祖孙互动。唯一记得清楚的就是，小学生丽则与同学一起去挖野菜，问爷爷借了一把小刀，而且是一把篆刻刀，谁知道珞珈山下碧野连绵，荠菜没挑到多少，小刀却丢了。丽则紧张又害怕，每次路过爷爷的房间，都是蹑手蹑脚，一窜而过。幸好一天又一天，爷爷并未问及，事情就这样过去了。现在回想起来，晚年的爷爷在珞珈山上有多么寂寞多么失落，既没有工作又远离了朋友，既没有豪情也失去了诗意，1957年带来的家庭变故更令人愁上加愁。曾经的书家渐渐冷落了笔砚，自然一把篆刻刀也就无足轻重了。还有的一个印象，就是听父亲说过，爷爷的书法很厉害，饿肚子的时候，他的字是可以拿来换米的。

曾缄（1892—1968），字圣言，四川叙永人，早年就读于北京大学文学系。历任雅安县长、西康省临时参议会秘书长、蒙藏委员会委员、四川大学教授。古典文学造诣颇深，一生留下了大量诗文，其中整理翻译的《六世达赖仓央嘉措情歌》乃经典的传世佳作，在现行汉译本中公认成就最高。翻译中令人惊艳的再创作可谓金句迭出，例如广为流传的"曾虑多情损梵行，入山

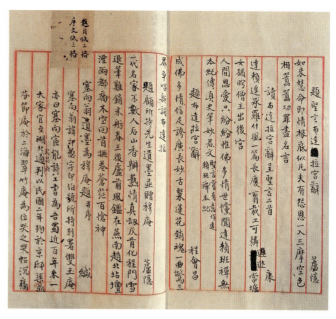

《三山雅集》稿本

又恐别倾城。世间安得双全法，不负如来不负卿"、"但曾相见便相知，相见何如不见时。安得与君相诀绝，免教生死作相思"，首首脍炙人口。1939年创作的《布达拉宫辞》，亦是闻名海内。1968年10月24日的一次批斗会后，不幸罹难。生不见人死不见尸，连骨灰也无处寻觅。

刘芦隐（1894—1969），江西永丰人，字湄村，早年追随孙中山投身革命，留学美国，曾任国民党旧金山和加拿大总支部总干事、国民党一大代表、中央执行委员、国民党中央宣传部长等职。1937年初，因湖北省政府主席杨永泰被刺一案，受诬告在上海突遭被捕，判刑十年，先后关押在南昌、武汉、成都、雅安。在雅安期间，受到军阀刘文辉的庇护，刘芦隐获得相当自由，过着隐士一般的生活。1950年春天，刘芦隐回到成都定居。1951年始，先后担任四川省文史馆馆员、四川省政协委员、全国政协委员。

流亡十年间，程康，没有固定收入的一介布衣，在大渡河畔的雅安小城里，在文人交往中偶然结识了雅安县令曾缄、被软禁的国民党高官刘芦隐，由于诗词学问和谐相投，在众多的诗友中，三人关系脱颖而出，唱和频繁。他们一方面经受着国家危亡和个人苦难，一方面寻求着同声相应、同气相求。他们聚会在山重水绕的雅安城，流连在金凤古寺、高颐墓阙、蒙顶蔡山……有感而作，彼此赠

诗，相互唱和，即兴联句，诗情友情，绵绵不绝。

九月六日登塔山晚眺，同穆老联句　曾缄　程穆庵

秋高塔影赚斜晖（穆），招引诗人入翠微。辟地顿忘风鹤警（圣），隔江犹见木鸢飞。天涯蓬转云何住（穆），日暮花枝戴我归。有约相邀度一壑（圣），松涛如海战霜威（穆）。

九日唱和之作：

九日呈曾使君　程穆庵

逢辰每倦登临兴，如此江山恨有加。四海几人搔白发，三年九日负黄花。肯虚左席迟嘉客，遥慨中原起暮笳。何预吾侪争忍赋，愁根向使泪生芽。

九日呈穆庵慎言两同好　刘芦隐

峻屏罗列夕阳明，佳节欣逢盏共倾。吟到霜花悲岁晚，饱经世难讶身轻。山归农蹢云从宿，峡吐江流雾有声。顾我题糕惭手窘，凭君阄鼎嗅香清。

九日答穆庵兼酬刘部长　曾缄

九日题诗先寄我，东郊览物正徯君。平山偶与登高会，汉阙同摹刻石文。白发黄花端不负，红桑碧海忍无论。刘郎亦是凄清客，把臂凭栏送夕曛。

1940年，由程康提议结集存留，因此产生了名动一时的《三山雅集》，三山的名称由来是三人均喜爱宋诗，刘、曾、程各自最为崇拜的诗人王安石、苏东坡、陈师道的雅号又都有一个"山"字，即王半山、苏眉山、陈后山。由此三人将唱和之集定名"三山雅集"。

他们高昂的兴致也带动了其他友朋。有两名画家曾经为"三山雅集"作画。一位是四川的名画家江梵众，1946年曾在雅安举办过个人画展，与"三山"过从甚密。一位是梁中铭，曾经创作巨幅抗战史油画，主编《抗战忠勇史画》，担任《阵中画报》社长。"梁氏三兄弟"梁鼎铭、梁中铭、梁又铭同为国民党军中著名画家。

1961年，曾缄偶尔把玩昔日的图画，感慨油然而生：

题江梵众画《三山雅集》图

往在雅安，刘湄村、程木雁二君与余唱和，刘好王半山，程好陈后山，余雅重眉山苏长公，因目唱和诗曰《三山雅集》，梵众为作图。今程去武昌十年不见，刘君虽在成都，而余僻居郊外，亦鲜良觏。暇日偶玩此图，意有怅触，慨然赋之。

刘得半山谁得全？程在后山谁在前？
我向苏家乞山色，可怜眉样空娟娟。
江郎自倚丹青好，收拾三山归画稿。
二子可方王与陈，而余实愧东坡老。
昔年青眼对高歌，今日分飞别恨多。
寄语芙蓉城内客，三山事息奈情何。

梁中铭所画则由程康带到了武昌。

1950年，程康离开了雅安定居武汉。随着时光流逝，新时代轰轰烈烈，老人家逐一谢世，这段诗情画意隐入了历史尘埃。尤其，程康个人诗歌创作的高光时刻也从此落下帷幕。

雅安金凤寺内珍藏的"三山"诗文木刻板

2019年8月，"三山"后代留影于四川雅安汉高颐阙遗址。前排：程康的孙女程丽则、曾缄的外孙女曾倩。后排：刘芦隐的儿子刘威军、刘定军

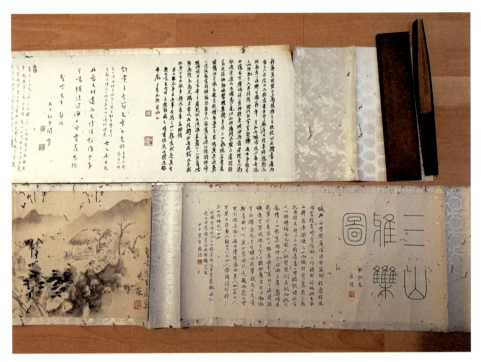

江梵众画作《三山雅集》图，有众多名家题跋

梁中铭画作《三山小景》图

2013年，曾缄离世四十五年以后，他的外孙女曾倩退休了，她从姨母家拿到了"文革"中幸存的外公遗著，惊讶地发现外公曾经写下了这么多的诗篇，留下了这么多的唱和。当她开始着手整理，不断翻阅发黄残破的册页，总有一个念头时时浮现，几十年前，外公那些情投意合的朋友去了哪里，他们的后代又是怎样的人？名为《三山雅集》的十本册子里，唱酬者不少，主角却只有三位：曾缄、程康、刘芦隐，能不能找到他们的后人？

功夫不负有心人，刘芦隐的后代找到了，唱和中的其他人的后代也陆续找到了，2014年5月，暮春时节，曾倩终于拨通了程康的孙女丽则的电话，在一番激动的叙述中，丽则从此走进了一群毫不知晓却又有着隐秘关联的人群中。

2015年7月，曾倩整理出版了外公生前删定的《寸铁堪诗稿》，2021年6月，外公现存诗文全集《康行集》三册也问世了。2019年8月，丽则应邀来到成都，受到了曾、刘世交的热情款待，超越了一个甲子，"三山"后代欢聚一堂。并且结伴前往雅安，访金凤寺登蒙顶山，寻高颐阙临青衣江，瞻仰先辈们留下的诗文墨宝。在金凤寺外的一座古亭中，两侧石柱上刻有昔日雅安太守黄云鹄的诗句字迹，因太守格外青睐金凤寺，常与住持僧人酬唱甚欢，被人参奏延误公事，奏中有"流连金凤"四字。上峰不知"金凤"乃寺名，误以为太守狎妓，黄几遭严谴。后，此事遂成笑谈，留下了一段近代史上的掌故趣闻。曾缄曾经有诗调侃：

金凤寺作

江上幽寻此处佳，祇园花木费安排。留连金凤惊天听，竟认神丛作馆娃。

黄太守正是国学大师黄侃的父亲。黄侃早年任教北京大学，晚年讲席南京中央大学，因此，曾缄与千帆又多出了一层关系，除了程康的因缘，还有了黄侃的师承。曾缄比千帆年长二十一岁，当他1917年毕业于北京大学时，千帆尚是四岁幼儿。但他们有幸同门，曾缄真是妥妥的大师兄。当年，曾缄与同门孙世扬曾经与黄师同住京城棉花上十七胡同，随侍左右，伴游对吟，二人被同学戏称为"黄门侍郎"。1939年，千帆在康定的西康省建设厅任文书，年底失业在雅安逗留至1940年初，1939年8月到1941年初，祖棻两度在雅安养病，因此在这两年中，千帆必然时而往返于雅安，同门相聚必有诗作。果然，在《三山雅集》中，丽则翻到了千帆的四首佚诗，还有祖棻的《和玉溪生无题四首》，均与曾缄互有应答。

311

曾缄还曾经应邀为《涉江词》作序。

千帆有一首为曾缄《题布达拉宫辞》：

成佛多情信足夸，广长妙舌灿莲花。销魂一曲惊三界，争唱新词布达拉。

程康（1889—1965），字穆庵，号木雁，家族中排行十七，人称十七郎。毕业于法政专门学堂，秉承家学，诗书皆有造诣。从小跟随叔叔程颂万学习，长成后，由叔叔介绍，拜晚清经学大家王闿运的高足顾印愚为师，学习诗歌、书法、篆刻，专攻宋诗，尤精后山。著有《顾庐诗集》。

王闿运（1833—1916），号湘绮，世称湘绮先生。

顾印愚（1855—1913），字印伯，号所持，又号塞向窗。

程康年轻时，长期游学、谋职在外，广交诗友学人。陈三立的长子、陈寅恪的大哥陈师曾（衡恪）留下的《北京风俗》册页，34幅画中，程康题跋九则，另有卷首隶书题"北京风俗"。程康为人行侠仗义，尊师重友。1911年，武昌起义爆发。参加了中国历史上最后一次科举考试，刚刚交上官运的顾印愚被围困军中。程康闻讯，几次欲去武昌兵中接老师脱险。顾印愚回信以次子相托，自己则坚不肯出。1913年，顾印愚在北京去世，程康前往协助办理丧事，扶榇两千里归葬武昌。他立志为老师编校遗集，曾在《哭所持师》一诗中写道："生寄而死归，留命在斯集。"1927年，程康编定《成都顾先生诗集》十卷，1929年，增编《补遗》一卷。1930年，《成都顾先生诗集》刊刻于长沙，未及成书，刻板毁于兵火。1932年，程康携副本，再次以活字铅印重刊于上海，亲自校订为"顾庐编校本"，并遍求名家为老师的遗像、遗诗题诗题词，求得陈三

1914年，二十五岁的程康，赴天津任职《盐务公报》编辑三年

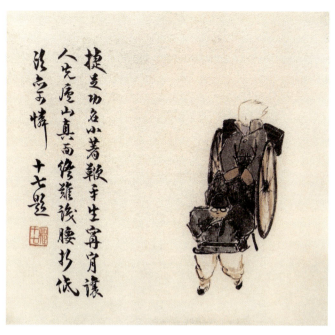

程康为陈师曾的《北京风俗》册页之"人力车"题跋

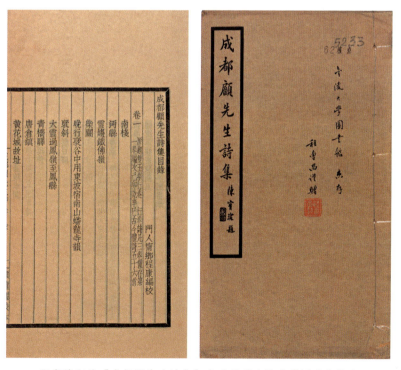

程康编印的《成都顾先生诗集》由千帆赠金陵大学图书馆保存

313

梁鸿寄食亦何病

遶瑗知非我丽师

放翁

东坡

顾印愚书法（集联）

塞向老人遗诗

清道人（李瑞清）为顾印愚遗诗题字

立、程颂万为诗集作序。程康另有一诗友，广东番禺沈砚农，客死北京，家贫子幼，程康多方出力集资，终于使其归葬广州。

千帆回忆："先君以寒士旅食名都，无锱铢之产，其为师刊遗集，为友营归殡，盖好义之性，禀之于天，事所当为，初不计其成败，百方筹措，而卒底于成，故名流长德，交口赞誉。"程颂万在车氏墓志铭中提及"康亦忘其羁贫，壹意媚古，笃行信友，尝倾橐金为师顾印伯刊遗诗，为友沈砚农营归殡"。程颂万的好友，湖南著名诗人易顺鼎特作《程十七郎歌为穆庵作》以美之："吾友十发犹子康，美哉程氏十七郎。性情风义文学縢，竟与先哲争芬芳。"全诗长达四十句，叙述程康一介贫寒少年为师为友四处奔走倾罄囊中的义举，歌辞跌宕昭彰，感人肺腑。湘绮老人更是高度评价："印伯，余弟子。穆庵师谊至笃。印伯如存，待余身后，未必能如穆庵。或曰：余弟子多，印伯弟子少，故不能同。然则三千人固不及一子贡。"虽属玩笑之言，但赞赏却是实实在在的。

从此，程康自号"顾庐"，为师守心丧之庐，以寄托对老师的念念不忘。曾缄曾撰写《顾庐记》发表在1941年《斯文》杂志，真实记载了程康的所思所想。特摘录一段以飨读者：

缄从容问君："顾庐安在？"君鞠戚曰："吾东西南北之人也，水庐于舟，陆庐于车，止则庐于人之居。惟是心耿耿，弗忘吾师，故自榜曰顾庐，而实无庐也。"它日，出所为榜书相示。缄谓："君不藉片瓦，不假寸椽，而斯庐固赫然在目。且君以灵台为基陛，肺腑为墙壁，肝胆为榱桷，而又润之以道义，饰之以文章，天下固未有美于是庐者，而得自谓无庐乎哉？"君曰："善。"

川中大儒赵熙为程康书"顾庐"

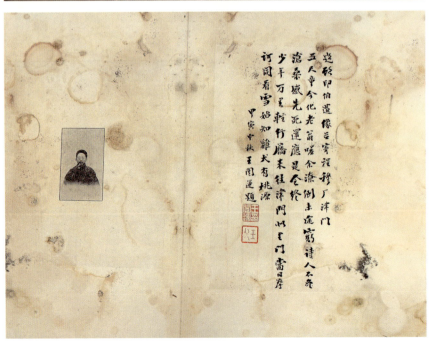

程康遍求名家为顾师遗像题词，下图为王闿运题词

2020年，四川大学伍晓蔓、王家葵整理的《顾印愚集》精装出版，其中《成都顾先生诗集》十卷，就是以当年程康整理的刊印本为蓝本，佳作不再湮没，得以重新传世。顾、程二位先贤地下有知，当足以欣慰！

俱往矣，回首苍茫间，碧水青山依旧在，心血一卷寄平生。

1942年秋，程康为昌儿（千帆）所书

附录一

灵芬奇采　炳耀千秋

——《涉江词》诸家题咏

"灵芬奇采，炳耀千秋"，是千帆对亡妻一生成就的总结，并将其刻在了祖棻墓地的碑阴之上。自祖棻年轻时，就有学界的大家名流对她的才华和词作作出了充分肯定和高度评价。《涉江诗词集》中摘录的诸家题咏，还有近四十余年来，同行专家的赞赏及研究评论，都为我们展示了她在诗词创作与研究上获取的重要成就。

题《涉江词》二首　章士钊

锦水行吟春复春，词流又见步清真。重看四面阑干句，谁后滕王阁上人？
剑器公孙付夕曛，随园往事不须云。东吴文学汪夫子，词律先传沈祖棻。

寄庵出示《涉江词稿》，嘱为题句，因书绝句五首奉正　沈尹默

漱玉清词万古情，新编到眼更分明。伤离念乱当时感，南渡西迁一例生。
乡里休夸断肠集，吾宗不枉一书生。王吴秦贺终非远，肯与前朝作后尘？
风流欧晏接重光，才调苏辛亦擅场。一事终须论格律，兔能用短鹤能长。
编将愁病作诗囊，奇绝天孙有报章。最是情丝能续命，不教枉断九回肠。
昔时赵李今程沈，总与吴兴结胜缘。我共寄庵同一笑，此中缘法自关天。

戊稿中《薄幸》一首，有"便明朝、真有书来，还应只是闲言语"之句，极平凡而极生动感人，真词家当行语也。一千九百五十四年五月二十日，尹默读竟并题记。

千帆惠示子苾新词，赋赠　佘贤勋

文鸾翔吴头，紫凤舞楚尾。翩翩结同心，飞止青衣水。牵萝种果障罘罳，两两和鸣影不移。云母晓窗研翠黛，芙蓉夜几界乌丝。青衣迢递潮声度，今日嘉州留客住。金马碧鸡纵有情，吟怀知挂江南树。

题沈祖棻女士和玉溪生无题诗　曾绒

世间才子漫纷纷，绝代词华沈祖棻。能为小郎移步障，直教夫婿擅微云。阳春白雪谁堪和？流水高山我得闻。回首蕲春旧桃李，一枝独秀竟逢君。

千帆寄示子苾夫人诗词遗著二卷，忙中急展读，不忍释手，因题寄千帆致敬。时年八十有二，已龙钟昏聩，不计工拙，情不自禁也（二首）　朱光潜

易安而后见斯人，骨秀神清自不群。身经离乱多忧患，古今一例以诗鸣。独爱长篇题早早，深衷浅语见童心。谁说旧瓶忌新酒，此论未公吾不凭。

读沈祖棻遗著《涉江词稿》《涉江诗稿》（三首）　荒芜

涉江岂为采芙蓉？锦字书成意万重。只恐雁鸿载不起，太多离恨过江东。一篇早早有情思，绝胜骄儿娇女诗。暮忆洞庭飞木叶，离骚初读少年时。

　　李商隐有《骄儿》诗，左思有《娇女》诗。

人情薄似黄花瘦，千古怆怀李易安。庾信暮年词笔健，只缘乡国在江南。

声声慢·题沈子苾祖棻《涉江词稿》　林思进

箫鸾姹咽，彩凤追飞，如花眷美无双。春风倚棹，鹣鹣艳写吴江。问谁海潮翻揽，便梦中、惊起鸳鸯。愁不尽，渺长洲茂苑，故国潇湘。　待唱累侬夫婿，更子规声里，蜀道微行。怨绮辞菲，关山别度新腔。奈看锦流东去，送凌波、不过横塘。只赢得，涨秋池、同听雨窗。

高阳台·题《涉江词乙稿》　沈尹默

小字籀花，清词戛玉，芳馨乍展银笺。百啭流莺，为谁惜取华年？深情不着凉语，怕凄凉、却道无端。最关心，片片飞花，树树啼鹃。　江南梦断归何处，有轻帆数点，远浪浮天。细说清游，尽多平楚苍烟。而今陌上无弦管，纵闻

319

歌、肯近尊前。待愁来，不是低吟，总合闲眠。

木兰花慢·为祖棻作《涉江填词图》并题　汪　东

问词人南渡，有谁似、李夫人？羡宠柳娇花，熔金合璧，吐语清新。前身更何处是，是东阳、转作女儿身。盟手十分薇露，惊心一曲阳春。　　知君，福慧自相因。镜里扫愁痕。待采罢芙蓉，移将桃李，归隐湖湣。阊门最佳丽地，料只凭、斑管答芳辰。已办绿杨深处，纸窗不受纤尘。

望江南·分咏近代词家　姚鹓雏

黄花咏，异代更谁偕？十载巴渝望京眼，西风帘卷在天涯，成就易安才。

　　祖棻女士，闺禧之秀，虽出寄庵门下，而短章神韵，直欲胜蓝。

浣溪沙·读《涉江词》，赠千帆子棻伉俪　刘永济

鼙鼓声中喜遇君，硗硗头玉石巢孙，风流长忆涉江人。　　画殿虫蛇怀羽扇，琴台蔓草见罗裙，吟情应似锦江春。

祝英台近·题《涉江词》　庞　俊

掩银屏，消粉盏，春思黯无绪。十载江关，谙尽避兵苦。天涯何处秦楼？蔫红病绿，争得似、年时钗股。　　锦城住，换了笼竹桤林，吟边几风雨。唱遍旗亭，凄凄断肠句。谁怜憎命文章？钿车罗帕，算只付、痴儿骏女。

一络索·题《涉江词》　夏承焘

屯溪往事鹃能话。素黛愁难画。几人过路看新婚，垂老客，无家者。　　娃乡归梦今无价。梦斗茶打马。何如写集住西湖，千卷在，万梅下。

踏莎行·奉题子棻夫人《涉江词》　施蛰存

恨别神伤，哀时泪泫。银筝独奏清商怨。十年家国感兴亡，一编珠玉存文献。　　碧海情深，黄花句粲。吟边惹我愁无限。梦魂犹在乱离中，惊心不记沧桑换。

鹧鸪天·读《涉江词》，喜题小词，以志钦挹　周退密

濯锦江头水自春，鸾漂凤泊寄吟身。神伤故国空延月，泪洒芜城久厌兵。　　余感慨，敛风情。谱将花草出新声。杜陵诗史千秋业，肯与清真作后尘。

调寄蝶恋花·悼祖棻　萧印唐

作恶暴风吹折柳。才过端阳，冷冻疑重九。有泪如倾泪尽有，呼魂遥奠三杯酒。　　盖世文章传众口。白玉无瑕，高洁论持守。秀句清词垂不朽，丽天绝代一歌手。

鹧鸪天·子苾逝世，忽近期年，为刊遗词，怆然成咏（二首）　程千帆

衾凤钗鸾尚宛然，眼波鬓浪久成烟。文章知己千秋愿，患难夫妻四十年。　　哀窈窕，忆缠绵。几番幽梦续欢缘。相思已是无肠断，夜夜青山响杜鹃。

燕子辞巢又一年，东湖依旧柳烘烟。春风重到衡门下，人自单栖月自圆。　　红缓带，绿题笺。深恩薄怨总相怜。难偿憔悴梅边泪，永抱遗编泣断弦。

《近百年诗坛点将录》·地慧星一丈青扈三娘　沈祖棻　钱仲联

点近世诗坛女将，沈祖棻其临去之秋波矣。《涉江诗稿》，近体多绝代销魂之作。"傅厚岗前血溅尘，沈沈冤魄恨奔轮"，其吊凌敬言之句也。岂知珞珈山，后人又以此吊祖棻乎！

《近百年词坛点将录》·地慧星一丈青扈三娘　沈祖棻　钱仲联

子苾女词人，出汪旭初门，能传旭初词学，著《宋词赏析》，剖析精微。姚鹓雏谓其词"短章神韵，直欲胜蓝"。旭初序其《涉江词稿》，谓其所作，十余年来有三变：方其肄业上庠，覃思多暇，摹绘景物，才情妍妙，故其辞窈然以舒；迨遭世板荡，奔窜殊域，国忧家恤，萃此一身，故其辞沈咽而多风；寇难既夷，政治日坏，灵襟绮思，都成灰槁，故其辞淡而弥哀。姚、汪月旦，良非轻许。三百年来林下作，秋波临去尚销魂。

《涉江词》序　曾　缄

动中形外曰诗，意内言外曰词，是故诗或直陈，词惟曲致。苟非措辞精妙，托响非常，安得有井皆歌，小红能唱乎？近时作者非不纷纭，撷彼菁英，不盈予掬。有如沈祖棻子苾所为《涉江词》者，乃无愧"黄绢幼妇，外孙齑臼"之誉已。子苾托生南国，游学上庠，出当代大师之门，为世间才子之妇。高材独秀，乃工小词。国难之年，随夫婿程君千帆沿湘入蜀，备历艰苦。言愁则一江春水，叹瘦而卷帘西风。偶有吟哦，率多凄婉。流寓嘉州以后，长言咏叹，益抒陆沉蓬转之哀，小令逼真花间，长慢高者往往阑入北宋，极其思之所至。故当雁行清照，婢蓄淑真。花晨月夕，焚香扫地，手斯一卷，为洛生之咏。遥心幽思，辐凑行间，玉振金声，铿锵弦外，盖飘飘有凌云气，谡谡如林下风。乱世之徵，文章匮采。有如此媛，能不惊心？然则世有知音，自能击节，如人饮水，奚假言诠者也。予与子苾、千帆先后同师蕲春黄君，其尊翁穆庵先生又与予有唱和之雅，承命作序，非玄晏而谬赞《三都》，对隐侯而知吟雌霓，爰缀片语，以当景行。若资扬榷，则吾岂敢。

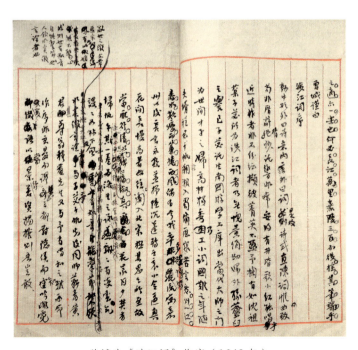

曾缄为《涉江词》作序（1942 年）

《涉江词稿》序　汪　东

今年春，泛舟石湖。湖澄如镜，与远山为际。微风荡襟，水波相属。舟中展祖棻词，湖山之美，与词境合而为一。心有玄感，不能以言宣也。祖棻写《涉江词》成，乞余序首，盖数年于兹。余始卧病歌乐山，思力无损，而身不能转侧，则姑为腹稿，且以书告祖棻曰：序已成矣。翌年起，乃尽忘之。今之所言，非曩日之言也。虽然，曩者，与尹默同居鉴斋，大壮、匪石往来视疾。之数君者，见必论词，论词必及祖棻。之数君者，皆不轻许人，独于祖棻词咏叹赞誉如一口。于是友人素不为词者，亦竟取传抄，诧为未有。当世得名之盛，盖过于易安远矣。顾以祖棻出余门，众又谓能知其词者，宜莫余若。余惟祖棻所为，十余年来，亦有三变：方其肄业上庠，覃思多暇，摹绘景物，才情妍妙，故其辞窈然以舒。迨遭世板荡，奔窜殊域，骨肉凋谢之痛，思妇离别之感，国忧家恤，萃此一身。言之则触忌讳，茹之则有未甘。憔悴呻吟，惟取自喻，故其辞沈咽而多风。寇难旋夷，杼轴益匮。政治日坏，民生日艰。向所冀望于恢复之后者，悉为泡幻。加以弱质善病，意气不扬，灵襟绮思，都成灰槁，故其辞澹而弥哀。夫声音之道，与政相通；情感之生，与物相应。彼处成周之盛世者，必不得怀《黍离》之思；睹褒妲之淫乱者，又岂能咏《关雎》之什？彼其忧欢欣戚，有不期然而然者，非作者所能自主也。祖棻词于其少作删除独多，或有不能尽窥其变者。所谓惟余能知者，其在是乎。春夏之际，乍阴乍阳，天地解而雷雨作，而百果草木皆甲坼。解之时义大矣。受之以损，其损而终益乎！自今以往，复有咏歌，其为欢愉之音，抑重之以哀思，将犹非祖棻所能主也。虽然，祖棻海盐人而家于吴。茗雪之畔，胥台之下，白石、梦窗之所行吟往还也。声应气求，千载无间。异日者，归隐阊门，访我于石湖，杨柳绕屋，梅花侑尊，诵鹦鹉之词，继疏影之作，遂若与治乱不相涉者。而非由乱至治，不克有此。是退藏之愿，仍望治之心也。言近而旨远，祖棻其益进于词矣。　己丑四月，汪东。

《国民公报·国民文苑》沈祖棻词识语　乔大壮

海盐沈子苾女史，为宁乡程千帆先生淑配，凤从寄庵汪先生治近体乐府，始为令词，在正中、小山之间，才调雅赡，曾劬深为叹服。继益致力慢词，纯无空疏堆饰之习，尤为难能。吾友倦鹤陈先生论词最重转折法度，其于女史之作以为上逼清真，足使须眉生愧，良不诬也。三十年七月曾劬识

323

书《涉江词》题跋　台静农

此沈祖棻抗战时所作，李易安身值南渡，却未见有此感怀也。

罗家伦文中提到孙多慈、沈祖棻两位中大才女。1938年2月，当时羁旅在长沙的女画家孙多慈为祖棻所作画像

《女画家孙多慈》（节选）　罗家伦

当我长中央大学的时候，出过几个有天才而兼有很深造诣的女文艺家。最著称者，文学中是沈祖棻女士的词，艺术中是孙多慈女士的画。沈女士的词，最初为眼界最高而批评最严的黄季刚先生所击节称赏，以后沈尹默、汪旭初、汪辟疆诸先生甚至于誉为李易安后第一人。在艺术中孙多慈女士的画，出色当行。在她这一道里，可以和沈女士的词互相辉映。

《涉江词》叙录（节选）　程千帆

先室诞育于清德雅望之家，受业于名宿大师之门，性韵温淑，才思清妙，而身历世变，辛苦流离，晚岁休致，差得安闲，然文章憎命，又遭车祸以殒厥身。倘永观堂所谓"天以百凶成就一词人"者耶？呜呼！岂非天哉，岂非天哉！

北山楼钞本《涉江词钞》后记（节选）　施蛰存

丁亥岁，晤鹓雏姚先生于沪，先生为余言战时蜀中文酒之盛，因谓女词人沈祖棻者，名噪于巴渝间，为词甚工，可敌易安居士。余求其词，猝不可得，心识之。明年得《雍园诗钞》，有《涉江词》一卷，题沈祖棻子苾撰。……子苾词标格甚高，小令不作欧、晏以后语，近慢探骊清真，秦七、黄九且非所师，南渡后无论矣。

《沈祖棻创作选集》序（节选）　舒　芜

今天如果说谁是爱国诗人，他不一定就很高兴，也许觉得标准未免低了。那么爱国真是很容易达到的低标准么？我不想讨论这个问题。但是，我要说：现代杰出的女词人，故沈祖棻教授，当得起爱国诗人的称号而无愧色，她的各体文学创作和她的整个一生，证明她的爱国是很高的境界，未必是轻易就能达到的。

　　这就是说，她不仅以她的新诗、小说、旧体诗词等各体文学创作（还有古典文学的研究和教学），而且以她的艰难坎坷的一生；不仅以她对祖国命运的眷眷不忘，而且以她自己的与祖国共忧乐的命运；不仅以她对新中国的坚定的信心，而且以她对旧中国的幼稚的迷误；不仅以她的全部欢乐和希望，而且以她的全部酸辛和绝望，来热爱着我们这个祖国。

《涉江词》（节选）　黄　裳

　　记得那天晚上在旅寓读《涉江词》，读到"丙稿"，几乎使我惊唤起来的是，在这里竟自发现了我在三十七年前在重庆土纸印的《大公晚报》上读到过的一组《成都秋词》（《虞美人》）和《成渝记闻》（《减字木兰花》）。当时，我曾将题为"涉江近词"的这两幅剪下来，一直带在身边。这两张剪报一直跟着我到昆明、桂林、印度……一直跟着我回到重庆。在写《关于美国兵》时，禁不住抄下了其中的几首。

《谈艺日记》（节选）　刘白羽

　　我以为沈祖棻词，家国之恨，禾黍之思，多清照之悲咽，有白石之峭峻。上举戊稿诸什，则黄钟大吕，浩然正气，岂古人能比，乃一当代爱国词人也。爱与恨交织在婉约之中，正是沈祖棻词之美，其婉约婉约得深沉，豪放豪放得蕴藉。沈氏之美，于此得之。

在南京大学的演讲（节选）　叶嘉莹

　　我只是简单的介绍了一些个女性的作家，从最初的用自己的生命血泪写出的诗篇，到随着中国的男性词的演进，从婉约到豪放，到妇女的意识觉醒和解放，到沈先生完全跟男子一样了。她写出了跟男子一样的"学人之词"、"诗人之词"、"史家之词"，而且写出不同的风格，不同的作品，那真是一个集大成的作者。

书信（节选）　常任侠

一代词人忆沈娘，土星笔会写瑶章。背人歌哭临江树，黄鹤千帆下夕阳。

　　自易安而后，一人而已。吾常眷怀两妇人，中心藏之，至老未已，今皆逝已。如得紫曼遗照，当以香花供养。

书信（节选）　清水茂

转惠尊夫人遗稿、涉江诗稿、词稿，铭感至深。词稿流离情怀，溢出句外，字字金石，响动人衷。又想战乱皆由敝邦发之，寸心难过，竟不知如何道歉也。

书信（节选）　陈永正

时人每谓涉江为易安而后一人，窃以为其才情之富，学养之深，题材之广，似更凌而上之，谓为千古以来第一女词人亦无不可。此非生个人阿好之言，亦当代词坛之公论也。

　　陈永正书何永沂诗（《沈祖棻诗学词学手稿二种》读后敬题：春愁只合夕阳知，奇采灵芬胜画眉。三月莺花谁作赋，一生风雨岂无词。神行墨涌书斋气，论放才高识者师。扼腕销魂吾说谶，惘然却是在当时。)

326

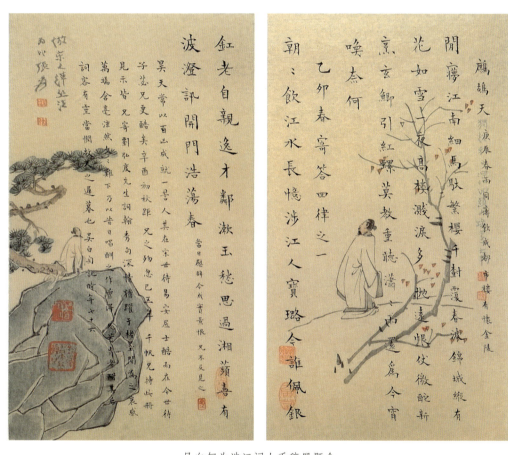

吴白匋为涉江词人手稿册题念

往事如风

——回忆父亲程千帆

　　风度翩翩儒雅博学，白发苍苍严谨睿智，是作为学者的父亲留给世人的普遍印象。可是他也曾经青春年少，曾经是一个活泼顽皮、莽莽撞撞的少年郎。

　　父亲幼年丧母，他的童年是在外家度过的。外公车赓曾在军阀时期做过知县，后来赋闲在家。当时家中屋后有一座柴山，门前有两口鱼塘，每逢冬天，就抽水捕鱼，制成大量的腌鱼。父亲每日都在园中玩耍，跑来跑去，有一年夏天，他穿了一身新做的白绸褂裤，在风中衣衫飘飘，感到十分得意，特地站在园中的

1993 年 10 月 28 日，父女合影

月亮门下吹了一下午的风，结果晚上就发烧了。十岁以后，他随父辈迁居到武昌城里生活了五年。有一年发大水，不少低洼之处积水很深，父亲和堂兄弟们却乐在其中，坐着木澡盆、大脚盆漂在水上，划"船"比赛、打水仗，甚至还能捉到洪水带来的小鱼，不玩到天发黑、衣衫湿透是不肯回家的。

1928年的秋天，十五岁的父亲来到举目无亲的古都南京城，考入金陵大学附属中学初三年级，由私塾教育转入了现代教育。在新式的教会学校里父亲如鱼得水，足球成为他喜好的运动，不仅为他带来快乐有时还能解决问题。当时祖父常年失业，父亲的生活得不到保障，最困难的时候，一个冬天衣衫单薄，没有袜子穿，冷得坐不住了就只好去操场猛踢一阵足球借以取暖，再回到宿舍接着看书。父亲在学生时代不仅爱踢足球，而且自行车技颇为高超。常常与同学一起从车行租车出游，他不仅能脱把快骑，还能从车的右侧上下，甚至将车向前推出，然后飞身上车。有时他们玩得忘乎所以，直到天黑才将摔得"鼻青脸肿"的自行车归还车行。

中学毕业后父亲很想报考中央大学，可是受到数理成绩的限制，只能被保送到金陵大学。由于在中学化学学得不错，他又想读化学系，可是一看学费要125元，当时家里根本拿不出钱来，而中文系的学费却只要50元，他就报了中文系。之后，父亲骑着借来的自行车去找金中校长张坊担保，学费在半年内还清，张校长签了字，他高兴得骑车飞奔，结果乐极生悲，一不小心将左侧脸颊上靠近鼻翼的地方撞出一个洞，鲜血直流伤口很深，留下了长久的伤疤。

在高中和大学，父亲一度又迷上了网球，常常足蹬白鞋手握球拍，跳跃在网球场上，几十年后还在老同学孙望的回忆中被誉为"一只轻盈的小燕子"。可是由于经济贫困，当时是买不起一只球拍的，父亲在后来的日子里常有这样的感慨，因为当球拍的价格不成问题时，早已时过境迁，青春不再。南京大学斗鸡闸外宾接待处原是何应钦的昔日公馆，当时与金大的网球场一墙之隔，有一次父亲带着外孙女在校园散步，还指着斗鸡闸说起他们那时经常不小心将网球打到何公馆的院子里，公馆里的人都很客气，每次将球及时归还从不抱怨。

父亲在金大期间，才华横溢引人注目，却仍然不改调皮玩闹。有两件趣事让作为同学的陶芸阿姨到老还津津乐道。一次是在全校学生选修的生物大课上，讲到人类进化现象时，老师说："动物的耳朵可以动，我们人类就丧失了这一功能……"岂料，父亲立即站了起来，"报告老师，我的耳朵就可以动"，一边说一边调皮地动起了耳朵，引起哄堂大笑。还有一次上课时间已过，教师迟迟未到，同学们正议论纷纷，只见父亲跑上讲台，拿起一支粉笔在黑板上大书洋泾浜英语："Yes no yes, Today no class?"这种故意的"捣蛋"自然又让教会大学的学生们乐不可支。

年轻时的父亲精力充沛，热情洋溢，积极参加学校的社团活动。在金中读书时，他曾任校刊编委秘书。在金大时，他又与孙望、汪铭竹、常任侠、滕刚等组织"土星笔会"，诗屋设在南京鸡鹅巷汪铭竹居所，大家定期聚会，谈诗论文。并于1934年9月1日自费创办、出版了设计精致的《诗帆》半月刊，创作新诗，发表论文，吸引了不少志趣相投的同学积极投稿，刊物发行也收到良好的反响。

他们还曾将刊物寄给了当时的日本大学者——东京帝国大学的汉学家铃木虎雄，没想到他和孙望居然分别收到了回信并得到赞许和鼓励，这件事对他今后的教师生涯有很大影响。

读书期间，父亲还曾与孙望等组织"春风文艺社"，借报纸副刊的篇幅编了《春风文艺》周刊，并以此为阵地，孙以"盖郁金"、"河上雄"为笔名，父亲以"左式金"作笔名，跟自封为"青年的文学导师"的王平陵打了一段时期的笔墨官司。父亲之前曾取笔名"平帆"，就是因为不愿与王平陵有一字相同，遂改为"千帆"，以示对其的藐视。

父亲在1995年12月26日致函昔日金大同学王伊同时还提到此事："束发纵横翰藻场，春风诗笔共评量。当年结社浑如梦，此日相思讵可忘。""程翁晚作秦淮客，徐老栖迟西海头。苏叟闭门孙叟死，更于何处续风流。"诗中徐国屏、苏恕诚、孙望皆当日春风社同人，此时徐在美国，苏在台北已恃轮椅而行，孙则于1990年去世矣。

金大高年级的本科生可以选修研究生的课程，父亲在校学习十分努力，自然不会错过这样的机会。因此，他认识了包括我母亲在内的国学特别研究班的同学。

研究班里有一位女同学游寿，福建人。游寿人很瘦，思维敏捷，亦狂亦狷，伶牙俐齿，最喜欢与人辩论，故被同学戏称为"游猴子"。而她的强大对手非我父亲莫属，两人一见面就斗嘴，天文地理、文学历史，无不成为他们的辩题，唇枪舌剑你来我往，成为同学生活中的一大乐趣。游寿长于考古，犹擅金文，精于书道，她的性格、学问皆堪称女中豪杰。我母亲晚年有诗回忆："八闽才调最知名，口角锋芒四座惊。牢落孔门狂狷士，一编奇字老边城。"

研究班的另一位同学高文，也和我父母友谊甚笃，据说还曾与父亲是室友。高文家住南京七里洲，筑有深柳读书堂，经常是同窗好友一起论艺衡文，聚会唱和、饮酒争赌之地。父母非常怀念当年的友谊和生活，我母亲也有诗词为证："白袷衫轻，青螺眉妩，相逢年少承平侣。惊人诗句语谁工，当筵酒盏狂争赌。""早筑诗城号受降，长怀深柳读书堂。夷门老作抛家客，七里洲头草树荒。"

父亲在学习之余也与同学结伴游览金陵城的古迹名胜，最常去的大概就是玄武湖了，玄武湖又名后湖、北湖。当年的后湖远没有现在的热闹和人工化，比较荒野。有一次，父亲和同学钻进芦苇的深处玩耍，遇见一条蛇捉了回来，在生物老师的指导下将其制成了标本。他们也喜欢荡舟湖面，父亲一直记得有一位美丽的船姑夏五娘，估计他们当年常常乘坐这位夏姑娘的小船。四十余年后，父亲重游玄武湖，不由得感慨：

五十年前侧帽郎，北湖千顷踏秋光。重来一事供惆怅，不见风流夏五娘。

1937年秋冬，抗战流亡中父母由屯溪先后来到长沙相聚，一度栖身天鹅塘孙望家。其间，田汉在长沙主办《抗战日报》，廖沫沙任副刊主编，特邀孙望、常任侠、力扬给报纸编周刊《诗歌战线》。孙望等人的这项业余工作活跃了当时长沙的诗歌空气，吸引了许多爱国的文化青年热情参与创作、研讨。常常聚会的有诗人孙望、吕亮耕、力扬、常任侠、汪铭竹、吴白鹤、程千帆、沈祖棻，还有画家张安治、孙多慈、卢鸿基、陆其清等。

对于这段光阴，母亲有诗回忆：

屈贾当时并逐臣，有情湘水集流人。狂朋怪侣今何在？喜见江山貌已新。

狂歌痛哭正青春，酒有深悲笔有神。岳麓山前当夜月，流辉曾照乱离人。

七十多年前，这些年轻人的青春、友谊、热血、悲情都跃然纸上。

父亲在1944年曾写有一首诗，名为《醉后与人辩斗长街，戏记以诗》，诗中写道"长醒不能狂，大醉乃有我。街东穿街西，蓝衫飘婀娜。螳臂竟挡车，决眥忽冒火。老拳挥一怒，群儿噪么麽。……终息蜗角争，幸免马革裹。举步犹循墙，归车任扬簸……"在我的记忆中，父亲是不喝酒的，当然也没有酒量，只是偶尔喝一点红酒。那是一次怎样的经过呢？是因为特别的高兴，还是因为特别的郁闷呢？再没有人能够知道。但是细读诗中的记述却给人鲜活的场景重现，一介少有拘束、随性所致的年轻书生栩栩如生。

和许多文人学者一样，父亲也喜好美食，每逢想起他与食物有关的林林总总，记忆也变得有滋有味。

和父亲在一起的日子里，他是那么宠爱我。"文革"中物资匮乏供应紧张，有一次，他从汉口冠生园（来回路程要四个小时）买回一包叉烧，没等到吃晚饭，我就空口吃掉了半碗，他非但没有责备，反而赠我一句"贵人吃贵物"。他给我讲过一个故事：有一位老人最爱吃，他的几个媳妇轮流为他做饭菜，用尽了办法伤透了脑筋，老人总是不满意。于是媳妇们聚在一起，群策群力终于制成一道佳肴，老人吃得很开心，媳妇们心想这回可以受到夸奖了，结果老人吃完后不满地质问："何不早献？"从此，"贵人吃贵物"和"何不早献"就成了我和父亲几十年间彼此常用的玩笑典故。

从小，父亲就喜欢带我上餐馆，汉口有名的西餐厅邦可和冠生园三楼，都留下过我们反复的足印。我的一位好友至今记得，他们夫妇在冠生园三楼西餐厅碰见我们，正是1978年8月的一天，我们陪送父亲从汉口乘船到南京大学赴任的前夕。1992年，南京夫子庙进驻了江苏第一家"肯德基"，大家都很好奇。一个星期天，父亲带着我们全家前往准备品尝，没想到门前的队伍长达二十多米，我们老的老小的小，只好望洋兴叹退而求其次，拐进了"老正兴"。又有一次，见报上宣传，说是夫子庙开了一家湖北豆皮小店，过了些日子我们兴致勃勃找到小店，结果说是不合南京人口味已经不做了。

七十年代父亲长期在武大沙洋分校农场劳动，临近春节回到家中，他总是很热情地张罗过年的饭菜，除了和我一起一次又一次地拿着各式各样的票证去排长队采买之外，回家还要洗洗切切。常常他一个人管两只炉子，一只是蜂窝煤炉，一只是烧煤球的小泥炉。记得有一年除夕，我们煨了两大罐不同的汤，由于那年气温比较高，没过两天，一罐还没有动过的鸭子汤居然就坏了，只好倒掉，真是可惜呢。

　　冬天，父亲托在农村的亲戚买肉，我则向同事收集票券买回酱油，他自己动手试做广东腊肉。先用酱油、盐、糖、白酒、生姜浸泡几天，然后取出，一条条穿上细麻绳挂在冬天的阳光下晒干，味道还是很不错的。在沙洋分校时，父亲的主要任务是放牛，利用业余时间自己也养了几只母鸡，过年时带回鸡和蛋。并向张月超伯伯学习了制作风鸡的方法，回来后就和我爱人一起做。制作风鸡要选择五六斤重的阉鸡，个大肉嫩，公鸡肉老母鸡个小都不适合。杀鸡放血后，在翅膀下开一个小口，迅速将炒热的花椒盐塞入腹腔内涂抹，并在鸡全身涂抹，然后将鸡头塞入小口内，翅膀、鸡脚理顺，用细麻绳将鸡五花大绑捆得结结实实，挂在通风无阳光处风干一月，即可除毛、洗净，蒸而食用。父亲的制作每一次都成功，肉质极其鲜嫩，令人回味无穷，偶尔有我的中学同学尝过，一直念念不忘。记得到了南京后还做过一次，后来因为南京买不到阉鸡，物质也渐渐丰富，风鸡就淡出了我们家。父亲还做过多次湖南腊八豆，先要用大锅将黄豆浸泡煮烂，在木质大澡盆里放上一层厚厚的稻草，铺上一层干净的布，将黄豆滤干水后倒入，再盖上干净的布和棉絮保温等它长霉，霉得好会生出厚厚的白毛。霉好的豆子拌上生姜、盐、少许白酒，放入带荷叶边的坛子，盖好盖子，荷叶边里放上水隔绝空气。荷叶边里的水一两天要换一次，半个月就可以吃了，淋上小麻油或者用油反复煸炒，味道绝对鲜美。

　　父亲会做"冲菜"，冲得你鼻痒泪奔，刺激的力度丝毫不逊于如今流行的芥末酱。鸭蛋腌得黄油十足。八宝鸭、八宝饭能做出地道的江南风味，自制热干面、豆皮（可惜只能用面皮替代）来缓解我们对武汉小吃的极度思念。父亲泡的四川泡菜酸咸适中，香脆可口，尤其适合空口白吃吃个过瘾。泡的时间不能太久，要及时食用。所以，父亲总是及时分给儿孙各家，还常常让我带到办公室给同事作为休闲小吃。

　　去年夏天，我和几位同事小聚畅饮，席间就有人回忆起当年程老做的泡菜，尤其是第一次吃到用花菜做的泡菜，印象特别深。这位当年的小伙子很感慨地说：还吃过程老烧的菜呢。一句话勾起二十年前的情景历历在目，那是1992年10月24日，一个秋高气爽的星期六，中文系的一帮同事结伴秋游，骑自行车先到燕子矶，再到八卦洲。八卦洲是长江中的一个小岛，遍布菜地，芦花飞白，柳林藏绿，大家在江畔沙滩上快乐烧烤、野餐。每个人都自带一份菜肴，我拿出的菜名为"横扫千军如卷席"。这个菜名几天前公布在黑板上已经让众人颇费猜测，得知是程老亲自烹饪更加意外。原来八十高龄的父亲听说我们的郊游计划后饶有兴趣，表示虽不能参加却愿意积极参与，他买来豆腐皮泡软，浸润调料层层叠放，卷成一个个圆筒（仿佛卷放的草席）先蒸后炸，切段装盘，淋上麻油撒上芝麻，"素烧鹅"大功告成。品尝之后人人夸赞色香味俱全。

那一次的八卦洲郊游，给所有同行者留下美好的记忆，我写下《秋游示友二十韵》为记，颇受父亲夸奖。何妨一并录下：

> 江天一何爽，金风方送凉。飞车争后先，征途未觉长。
> 遥望八卦洲，浮沉水中央。舍舟过碧草，移步皆芬芳。
> 秋苇如海潮，放眼白茫茫。蓼红增野色，遍地菊正黄。
> 柳林多绿荫，江流何汪洋。窈窕谁家女，翩翩如蝶翔。
> 连裾七仙子，花前成一行。诸君巧拍摄，瞬间留景光。
> 掘薯还拾柴，炊烟随风扬。又得肥鸡翅，炭火围烤忙。
> 精心费调料，苦待扑鼻香。陆兄嗜佳肴，殷勤慰饥肠。
> 射球入波涛，懊煞小刘郎。拨灰觅薯芋，斗牌争弱强。
> 日暖人自醉，三五各徜徉。虽已父母身，仍发少年狂。
> 归作远足歌，寄情水云乡。人生欢聚短，愿君勿相忘。

父亲为人行事的风格体现在生活的细节，包括吃吃喝喝之中。

父亲平时少吃鱼虾，更不愿吃螃蟹，一方面跟他是湖南人的饮食习惯有关，另一方面则是如他所说"太浪费时间"。抗战时期他在成都、乐山待了五六年，都没有游览过峨眉山、青城山、都江堰，不仅仅是因为没钱更重要的是舍不得时间。

我母亲是江南人，偏爱河鲜，可是在珞珈山上有十几年都吃不到螃蟹，这使她感到十分遗憾。有一次，我爱人兴致勃勃地从菜场买回几只腌螃蟹来孝敬母亲，我们都嗤之以鼻，我爱人因为不懂而坚持，父亲表示理解并支持他用自己的方式制作，我爱人就烧了一锅汤，结果可想而知，又咸又腥，螃蟹也没肉，只好倒掉。事后父亲说不要强行反对，让他试一试，不行他下次就不会再买了，我爱人因此也很服气。

　　父亲做的凉拌菜特别好吃，因为他舍得放作料，1993年以前，油粮都是定量供应，小麻油更是稀罕物，我们拌菜只是滴上几滴，父亲却会放上一勺，糖醋也放得多多。也正因为舍得用力气花时间不计钱财，所以父亲想做的事情都能做得出色。

　　大女儿早早读小学时，有一次到外公家里玩耍，正好遇上吃饺子，她很高兴，吃完后，外公让她端一碗回去给妈妈，小孩好玩不想马上回家，结果被外公批评为不懂孝顺，早早至今还记得外公的教训。

　　小女儿小燕初中时，外公主动教她学习做几个简单的菜，凉拌豆角、凉拌茄子、炒苋菜等等，还特别交待：炒苋菜的诀窍是一要油多二要煮烂。不久，小燕子就现学现卖，请同学们来家里吃饭，端上了自己做的菜肴。

　　无论苦难还是欢乐都已远去，往事点点滴滴零零星星，只是父亲学者生涯中短暂的片段，但是却如同一粒粒钻石镶嵌在我脑海的深处，熠熠发光不曾黯淡。

　　又是清明时节，今夜窗外春雨如丝。

2013年4月6日

五十二载父女情深，1999年12月20日，千帆生前与爱女丽则的最后一张合影

后记一

父母离开人世已经许多许多年了，可是我知道他们从来不曾走远。无论是花蕾悄悄绽放的清晨，还是月光静静流淌的午夜，我总是期待梦境的来临，这是至爱亲人阴阳交会的最美场景，他们的音容笑貌，他们的体温气息，一如生前，伴随我温暖我……

1999年暮春，河北教育出版社准备为父亲出一本影集，父亲欣然同意，但因他和陶芸阿姨年事已高，便让我协助他们翻找照片，并为照片书写文字说明。同年夏天，任务如期完成，但出版一事却没了消息，最后也就不了了之。照片和文稿被我束之高阁，不知不觉春去秋来十几个年头过去了，我一直在等待着。

2011年6月，我参加了南京大学文学院古代文学教研室的专题会议，讨论为父亲在2013年举行百年诞辰纪念活动的诸多筹备工作，我手中的那些照片和文稿被提上议事日程，列为纪念会的出版物。

当我翻看往日的文稿，以十多年后的眼光重新审视，觉得无论是照片还是文字内容都太单薄了，当时父亲年老体衰无暇顾及，我也忙于工作，只是利用业余时间匆匆完成，现在既然机会又一次来临，就应该尽力而为，加以充实和丰满。

不巧的是近两年家事繁忙，唯晚上九点以后方能静坐桌前，且长期身处异地远离南京，给进一步收集整理资料带来很多困难。经过断断续续近八个月的努力，特别是去年暑期将女儿家的扫描仪从广州带回南京，集中精力重新翻阅查找家中大量照片和文字材料，并逐一进行翻拍、扫描，以供备选。又多次到学校图书馆、仙林校区档案馆查阅、拷贝相关资料，同时不懈努力，求得各方认识的和不认识的人的热心帮助，收获了不少意外惊喜……最终将照片由原有的九十八张增加到三百五十余张，文字内容也扩充了三倍之多。在原稿基础上进行了大量补充、扩展，增添了文章的历史性、文学性、趣味性，力求让读者通过这些历史的图片和故事看到主人公曾经鲜活的身影以及他们真实的经历和生活，尽管只是吉光片羽，尽管也是雪泥鸿爪……

特别是有些珍贵老照片的得来，真可谓辗转追寻、费尽周折，留下了一次次难忘的记忆。

父亲在《桑榆忆往》一书中简短地讲述了自己的家世，其中，介绍了他的生母名字叫车诗，字慕蕴，江西南昌人，随父侨居湖南。在本书中，我选择了与父亲不同的说法。这是因为，车家的祖上有一位名人叫车万育（1632—1705），康熙进士，官至兵科掌印给事中，以敢言著称。又曾任湖南岳麓书院山长，善书法，有著作，其中流传广泛、影响深远的是一本薄薄的《声律启蒙》。父亲的外祖父车赓即是车万育的第八世孙，我查了许多资料，包括岳麓书院的历史介绍，均称车万育为湖南邵阳人，这使我十分奇怪。带着疑问，我咨询了湖南的表叔张瑞洁，他的解释是，车家确系邵阳望族，只因清朝当时有不许回原籍做官的规定，外祖父车赓为了日后能回到家乡为官，将祖籍改填为江西，果然，他就做了湖北京山、湖南永顺等地的知县。表叔又说，父亲的生母字慕韫而非慕蕴，意为仰慕东晋谢道韫，表叔的母亲字慕昭，意为仰慕汉班昭。我采信表叔之说，不仅是因为听起来很有道理，更重要的是，表叔与自己的母亲（父亲的亲姨母）共同生活了四十余年，老外婆最后的十年也居住在他们家中，饭后茶余，她们一定会多次谈起家族的往事，这一切，对于三岁就失去母亲，十五岁起就独自一人远离家乡、亲人的父亲来说，恐怕是没有机会聆听的吧。

本着对细心的读者和研究者负责，我不惜赘言，存此一说。

每一张照片的背后都有一个故事，每一张照片的背后都有一双捕捉镜头的眼睛，感谢众多的摄影者，虽然我无法为你们署名。

感谢南京大学文学院、古典文献研究所举办程千帆百年诞辰纪念活动，感谢为此付出辛劳的每一个人。

感谢南大出版社编辑的辛勤工作。

感谢此次为我提供了帮助的亲友和同事，特别是那些素昧平生的热心人。

希望这本图册能够让你们更直观地感受父亲的一生。

2013年4月于广州黄花岗

后记二

白驹过隙，十年流光。

在我们的一生中，有很多的人，还来不及好好告别，就再也不见。有很多的事，还没有做到更好，就已经结束。或许上天垂怜，再给我们一次机会呢？

我曾经反复考虑，还应该为父母做些什么又还能为他们做些什么？2019年，我努力促成了母亲诞辰110周年纪念大会，在浙江海盐圆满召开。2023年，父亲诞辰110周年的日子也即将到来，父亲的晚年，以自己的拼搏在南京大学在学术界大放光彩，桃李芬芳，纪念活动的全过程基本无需我操心。但是作为唯一的女儿，我不能袖手旁观。翻看2013年出版的《千帆身影》，虽然颇获好评，但是文字总是遗憾的艺术，十年来，网络日益发达，信息广泛传播，我有机会接触到了更多的资源，看到了湮没在历史尘埃中的"新"材料，斯人已远，准确地说应该是老材料有了新发现。

2013年出版的《千帆身影》是为了父亲诞辰100周年纪念活动量身打造，虽然书中的前半部分也不乏我母亲的身影，但毕竟主次分明，从书名就可以判定。因此，我觉得这本书还不足以表达我的怀念和敬意，他们还有故事，特别是我的母亲还有很多感人的故事没有讲出来。作为人生伴侣，他们志同道合，相濡以沫，作为学术伉俪，他们交相辉映，彼此成就。他们有资格更完美地比肩历史舞台。夜深人静的时候，往事或者若隐若现，或者历历在目，我被强烈的情感驱动着，再一次走进了珞珈山……我觉得有责任在自己尚有能力的时候来完成这件事。

2021年9月中旬，我开始敲击键盘，启动网络搜索，对照《千帆身影》，重新调整布局，进行补充修订。努力回忆、认真构思每一个段落，用心获取、反复考证每一条资料。在一年多的时间里，我不仅再一次与父母在历史中同行，再一次让清晰的、模糊的记忆在脑海中穿插浮现，再一次与亲朋世交联系频繁，同时与全国人民一起经历了新冠肺炎疫情，我的写作也随之断断续续，面对种种的未可知、不确定，更感悟着生命的宝贵、时间的飞逝。

经过多次细致的审阅后，2023年5月中旬，我终于将完稿的电子版发给编辑时，心里是满足的快乐的，较之《千帆身影》，本书更名为《文章知己千秋愿——程千帆沈祖棻画传》，文字增加了七万余，图片增加了二百多，内容更丰富，故事更精彩，我相信读者会满意这份答卷。

在本书中，读者可以读到更多的故事，看到更多的图片，这不仅是我个人的努力，也仰仗了更多热心人的助力。亲友世交不少已年过古稀，迈向耄耋，但对我的请求都是回馈迅速，为了照片的清晰度，八十多岁的世交姐姐一日跑多家誊印社；两位南京老者回应我的电话咨询，热情异常、滔滔不绝，仅仅一年后，2023年的春天，他们就先后谢世；程门弟子更是有求必应，甚至动用台湾学生为我在宝岛查询报刊；还有素昧平生的朋友们将自己保存的珍贵图片，写论文时费力收集的资料无保留相赠……众多的支持令我长存感念。

女儿春晓对本书的整体结构提出了极好的建议，她在指导学生的过程中教学相长，果然练就了一副擅长整合的好手段，自《千帆身影》到《程千帆沈祖棻画传》，春晓在内容合并、段落归纳方面都给予了我很大的帮助，使得全书更显完满紧凑。《程门问学》的编辑宋健，由于他的多年努力，积累了大量有关父亲的资料和信息，为我提供了无私的援助，而且对于全书的内容补充也提出了建设性思路，并以资深编辑的身份主动要求帮我审稿。在此，我特别对二位表示衷心感谢！

前后十年，两次编辑创作，让我在辛苦和忙碌中体会到一种别样的快乐，那就是在疑惑、猜测、推理、求证中最后得知真相或者相当接近真相的探索过程，为了得到一张照片，我往往四处打探拥有者的联系方法，不惜一遍两遍三遍地追要。为了落实留影的时间，我会根据照片中父亲所穿的衣服，书房墙上悬挂的对联，甚至家具的变化，来逐一比对，从而推断出大致的年月。为了准确使用点滴史料，我会花几倍的时间来钩沉它的史实脉络。在《千帆身影》的后记中，我曾大胆推测了我的奶奶车诗应当是湖南人而非江西人，可是，不仅我父亲在《桑榆忆往》中说他的母亲是侨居湖南的江西人，一百年前程颂万为她写下的墓志铭中也说她是江西人。这样看来车奶奶就应当是江西人。然而在2008年岳麓书社出版的《邵阳车氏一家集》四十五卷中，又分明收有车诗的祖父车玉襄所著《别驾集》以及父亲车赓诗作二十七首，其先祖车万育（1632—1705）曾任岳麓书院第十三任山长，是土生土长的邵阳人，被视为邵阳人的骄傲，如今在邵阳西高铁站建有车万育广场与铜像。这样看来，车奶奶又非邵阳人莫属。我请教过湖南表叔，他先说是因为车家祖辈为了方便在本地任职官员填写了江西籍贯，后来又说车家最早的确是从江西迁移过来。即便如此，已经到了邵阳车万育的九世孙，先祖早就编写了《邵阳车氏一家集》，还要坚持是江西人吗？我反复查询分析，但始终没能搞明白车奶奶的籍贯到底该算是哪里。套用一句当下流行语，欢迎大家在评论区发表意见！

感谢所有提供帮助、参与编辑的亲朋世交和同事编辑！

2023年6月于广州黄花岗

图书在版编目（CIP）数据

文章知己千秋愿 : 程千帆沈祖棻画传 / 程丽则著.
-- 南京 : 南京大学出版社, 2023.9
ISBN 978-7-305-27232-5

Ⅰ. ①文… Ⅱ. ①程… Ⅲ. ①程千帆（1913-2000）
—传记—画册②沈祖棻（1909-1977）—传记—画册 Ⅳ.
①K825.6-64

中国国家版本馆CIP数据核字（2023）第155156号

出 版 者　南京大学出版社
社　　　址　南京市汉口路22号　　　　邮　编　210093

书　　　名　**文章知己千秋愿——程千帆沈祖棻画传**
　　　　　　WENZHANG ZHIJI QIANQIU YUAN——CHENG QIANFAN SHEN ZUFEN HUAZHUAN
著　　　者　程丽则
责任编辑　郭艳娟

照　　　排　南京新华丰制版有限公司
印　　　刷　南京爱德印刷有限公司
开　　　本　700mm×1000mm　1/16开　　印张21.75　　字数366千
版　　　次　2023年9月第1版　2023年9月第1次印刷
ISBN　978-7-305-27232-5
定　　　价　110.00元

网址：http://www.njupco.com
官方微博：http://weibo.com/njupco
官方微信号：njupress
销售咨询热线：（025）83594756

* 版权所有，侵权必究

* 凡购买南大版图书，如有印装质量问题，请与所购图书销售部门联系调换

早々詩

張氏外孫女前年尚襁褓　八月醒母服小
字為早々生辰梅正開擧名嫌春曉一
歲滿地走兩歲囓舌巧婧小自玲瓏剛健
復窈窕長肩新月彎彎星目寶星昭膚
色異兩頰玉雪何皎母云似阿婆白皙人
皆道汝母生之歷海幼婆已老帗絲縷
鶯白肌肉久枯槁今日後老醜昔時堂侄
汝獨愛家：湖北方言呼外祖母曰家：膝下百回繞
喜同家：睡童慈家：抱闕心喚嬰薰欲茶
試涼慎分食與家：兒自不嫌少忤願悅長
箏富竹馬子枝滿地�)持枝空學鬟花一
大馬婆院衣襦隨母沐遇相侵良相攘
趺意来丁姝人裝走忠怒吼势嬌哑弃枸
踼盏貂不怕舞平爪倫攀自行車大哭
火鍋空烤倒筐义滿筐劉庭梨素悵
母靜向人索紙糊荐伏書東畫魚又
被歷側雙魂驚来定兒身痛己好一晌轉
画鸟積木堆高低皀泡噴之小三姿瑞

頃為此語使兒惱難，不洗腳上牀湖。
顱攤狗，不睡覺，床大鬧，吵我是最。
乘見家，好實，孫祖遠偽來初見。
話頃，明朝五相眠爺，都上坐挽。
頸母撑醫挖足遠撫嫌家，抱不動爺。
可抱我換車罗串奶遠撫嫌果爺娘，
雞、早、奧難卯爺、獎病早、不近
火爺、睡言床小心鬺身、共爺娘多
向孿提問黔書情萬態珠春音吟
螢歌舉問鏡謀啟国向要爺、唱沙洋
早、意認已今夜爺、玄門內我束鎖
門前解迎字一見噗相呼来會感跼躒
爺、与奶、阿嫌共叔伯但雖年貌異不
管舉分隔抬林諸生指茶叫客嗔
每見小五来糖果多讓客束遠新
正恭喜拜得問之道姓名監指示藏
揮手束玩蝶空涼舉家多想蹰見
獨禮氣執鄰里督學惲本吉門歸夕
兒性卻開朗市去任候忽從教三宿
需不作束下惜臨列告家、好、多休
惠別後想家、一個纸回說時、對象
片家、叫、不歇遠束鄒頦喜依、傍肘
賸相攜看大水束渺遠天碧沿提景
野卷向彼投小石笑指胡蝶毛喜看
癡詞賦工何當老大徒傷悲海母生九
月後字遠向傳少小喜文思萬學歷
娟、值孤期爺、故牛去家、是老師
围肌眼鏡戴一冊而平持巻書晉看
重窠苦復學章内書之定姓名
理以辭是非毛澤束里想一日三复
勁但达金光道勿響弓不禅願見長
狀遠篤誠可嘆兒勿學家、無納性家
癡詞賦工何當老目病整見見
長畛賦詩留兒僅定年一誦之